所有者不明土地法制

TMI総合法律事務所 弁護士

小田智典
ODA TOMONORI

一般社団法人 金融財政事情研究会

はしがき

　令和3年4月「民法等の一部を改正する法律」(以下「改正法」という)と「相続等により取得した土地所有権の国庫への帰属に関する法律」(以下「相続土地国庫帰属法」という)が成立した。両法律は、いわゆる所有者不明土地問題を解決するため、所有者不明土地の「発生の予防」と「利用の円滑化」の両面から、総合的に民事基本法制の見直しを行ったものである。

　改正法は、民法の物権法を125年ぶりに改正し、不動産の相続登記・住所変更登記を義務付けるなど、不動産や相続を巡る権利義務に大きな影響を与える。相続土地国庫帰属法は、相続したが扱いに困る土地を国に引き取らせるという、これまでに類のない、国の壁に風穴を開ける新制度を創設した。

　両法律の制定の経緯・内容を中心に、所有者不明土地法制を概観する本書は、不動産や相続で悩まれている方、不動産関連の業務に携わっている方、民法や不動産登記法を学ぶ学生、実務法曹、所有者不明土地問題に関心を有する方を広く読者として想定している。

　法務省民事局のHPにおいても、図表やQ&Aを用いた両法律の説明が提供されているので、是非、本書と併せて参照していただきたい。両法律の立案に携わった者として、幅広い層に必要な情報が届くことを願っている。

　2023年3月

小田　智典

● 目　次

第4章　相続土地国庫帰属法

第 1 章

所有者不明土地問題に
どのように対処しているか

1 所有者不明土地問題とは

　不動産登記簿から所有者がすぐに分からない、分かっても連絡がつかない「所有者不明土地」では、所有者を探すために戸籍を収集する・現地へ訪問するなど、多大な時間と費用が必要になる。

　このような所有者不明土地があると土地を利用し活用できなくなる。民間の土地取引は阻害され、防災など公共事業での用地取得や森林の管理などの面で支障が生じる。所有者が分からないと土地が管理されないし、放置されると周辺環境の悪化にもつながり、国民経済に著しい損失を生じさせる。

　平成29（2017）年度に地方公共団体が全国の土地のうち約63万筆を対象に実施した地籍調査事業について、国土交通省が土地所有者の状況がどうなっているか調査した結果、不動産登記簿のみでは所有者の所在が判明しなかった土地の割合は筆数ベースで約22.2％に上り、その発生原因としては、所有権の登記名義人が死亡して相続が発生しているのに、登記簿上は登記名義人のままになっている「相続登記未了」が全体の3分の2

所有者不明土地の割合
（平成29（2017）年度国交省調査）　約22.2％

原因

| 相続登記未了 約65.5％ | 住所変更登記未了 約33.6％ |

を占め、所有権の登記名義人の住所が変更されているのに、登記記録に反映されていない「住所変更登記未了」が全体の3分の1を占めていた。

平成30（2018）年度に法務局が全国の土地のうち約11万筆を対象に実施した登記所備付地図作成作業を基に、令和元（2019）年に法務省が実施した土地所有者の所在の確認状況についての調査結果では、不動産登記簿から所有者の所在が判明しなかった土地の割合は筆数ベースで約19.7％であった。

なお、所有者不明土地の把握には、それぞれの土地について登記簿上の所有権の登記名義人が現に存在するか否かを個々に調査し把握する必要があるが、全ての調査をすることは難しいので、一定の地区内の土地について所有者を把握する地籍調査事業などの調査結果を活用し、日本全国の所有者不明土地の規模を推計している。

また、平成29（2017）年12月に公表された民間の所有者不明土地問題研究会（座長：増田寛也東京大学公共政策大学院客員教授）最終報告では、平成28（2016）年時点の全国の所有者不明土地の面積は、九州の土地面積（約368万ha）を超える約410万haに達し、防止する取組が進まない場合、令和22（2040）年には約720万haに至ると推計している。

2 政府の取組み

所有者不明土地問題は古くからあったが、平成23（2011）年3月11日の東日本大震災から復旧・復興事業を実施する過程

で、所有者不明土地が数多くあり円滑に用地取得が進まず、大きな課題となったことを契機として、広く知られた。その後この問題は、政府全体で取り組むべき喫緊の課題であると位置付けられ、骨太の方針でも「経済財政運営と改革の基本方針2017」（平成29（2017）年6月9日閣議決定）から毎年取り上げられている。

　平成30（2018）年1月には、所有者不明土地等対策の推進のための関係閣僚会議が設置され、関係閣僚会議の所有者不明土地等対策の推進に関する基本方針と工程表が定期的に取りまとめられている。関係閣僚会議は内閣官房長官が主宰し、構成員は、総務大臣、法務大臣、財務大臣、農林水産大臣、国土交通大臣と復興大臣である。関係省庁では、政府方針に基づき、役割分担をしながら連携・協力して、可能なものから速やかに各種法整備など対策を講じてきた。関係省庁における主な法整備の例としては、次のものがある。

①　所有者不明土地の利用の円滑化等に関する特別措置法（平成30年法律第49号）

　この新法で、長期相続登記等未了土地の解消への取組、財産管理制度に関する特例、所有者不明土地に係る収用手続の合理化・円滑化を図る仕組み、所有者不明土地の公共的利用を可能とする地域福祉増進事業の制度を創設した。

②　森林経営管理法（平成30年法律第35号）

　この新法で、所有者自らが森林の経営管理を実行できない場合、市町村が経営管理権の設定を可能とする制度を創設し、所有者不明森林でも最長50年の経営管理権の設定を可能とする制

度を創設した。

③ 農業経営基盤強化促進法等の一部を改正する法律（平成30
年法律第23号）

農業経営基盤強化促進法（昭和55年法律第65号）を改正し、
共有者不明農地を共有者の一人が最長20年間農地中間管理機構
に貸し付けることができる制度を創設した。

④ 土地基本法等の一部を改正する法律（令和 2 年法律第12号）

土地基本法（平成元年法律第84号）と国土調査法（昭和26年法
律第180号）を一部改正し、土地の適正な管理に関する責務が
規定された。所有者探索のための固定資産課税台帳等の利用
や、所有者が不明な場合の筆界案を公告しての調査実施など、
所有者不明でも地籍調査を円滑に進めるための手続を措置し
た。

3 法務省の取組み

法務省と法務局は民事基本法制と民事法務行政を所管し、以
下のような施策を実施してきた。

(1) 相続登記の促進に向けた取組み

① リーフレットの配布

平成27（2015）年 2 月から、相続登記を推進するために、死
亡届受理時に窓口で相続登記を勧めるリーフレットを配布する
ことを、各法務局・地方法務局から全国の市町村に依頼してい
る。

② 法定相続情報証明制度

平成29年改正不動産登記規則に基づいて、平成29（2017）年5月から法務局において、法定相続人の一覧図を証明する法定相続情報証明制度を運用している。

③ 相続登記に係る登録免許税の免除措置

相続登記の際の登録免許税を免除する措置が、租税特別措置法84条の2の3により講じられている。

ア　平成30（2018）年4月から、個人が相続で土地所有権を取得し、個人が相続による土地所有権の移転登記を受ける前に死亡したときに、個人を土地所有権の登記名義人とするために受ける登記

イ　平成30（2018）年11月から、市街化区域外の土地で、その価額が10万円以下のものに係る相続登記

これらの措置は、令和3（2021）年3月末日までの時限的措置であったが、令和3年度税制改正で適用期限が1年延長され、アの措置の適用対象に表題部所有者の相続人が受ける所有権の保存登記が追加された。さらに、令和4年度税制改正で、これらの措置の適用期限が3年（令和7（2025）年3月末日まで）延長されるとともに、イの免税措置の適用対象が全国の土地に拡充され、不動産の価額が100万円以下の土地であれば、この免税措置が適用されることになった。

⑵　長期相続登記等未了土地の解消に向けた取組み

所有者不明土地の利用の円滑化等に関する特別措置法に基づき、平成30（2018）年11月から、所有権の登記名義人の死亡後

30年以上が経過しているにもかかわらず相続登記がされていない土地について、地方公共団体（都道府県・市区町村）や国からの求めに応じて、登記官が職権で所有権の登記名義人となり得る者を探索するなどの作業を行う「長期相続登記等未了土地解消事業」を、全国の法務局で実施している。

⑶　表題部所有者不明土地の解消に向けた取組み

　表題部所有者不明土地の登記及び管理の適正化に関する法律（令和元年法律第15号）に基づき、令和元（2019）年11月から、歴史的経緯により不動産登記簿の表題部所有者欄の氏名・住所が正常でない表題部所有者不明土地（例えば、①表題部所有者の住所の記載がない土地、②「大字○○」などの字持地、③「Ａ外○名」などの記名共有地）について、登記官が所有者の探索を行い、探索の結果を踏まえて表題部所有者の登記を改める作業を全国の法務局で実施している。

⑷　民法関連の取組み

①　財産管理制度に関する特例
　所有者不明土地の適正な管理を図るため、所有者不明土地の利用の円滑化等に関する特別措置法により、平成30（2018）年11月から不在者財産管理人等の選任申立権を市町村長に付与している。

②　遺言書保管制度
　法務局における遺言書の保管等に関する法律（平成30年法律第73号）により、令和２（2020）年７月から、法務局において、

遺言者が申請に基づいて遺言書原本とその画像情報を保管・管理し、遺言者が死亡すると、相続人へ遺言書の画像情報を用いた証明書を交付する制度を運用している。

③ 所有者不明私道への対応

住宅地での共有私道の補修工事を円滑に実施し、民法に基づいて同意を得ることが求められる共有者の範囲を明確にするため、学識経験者や実務家を構成員とする共有私道の保存・管理等に関する事例研究会を開催した。平成30（2018）年1月には、「所有者不明私道への対応ガイドライン」を取りまとめて、周知・広報している。令和3年民法改正を踏まえて「所有者不明私道への対応ガイドライン」の改訂が検討され、令和4（2022）年6月に第2版が取りまとめられた。

4 法案提出までの経緯

平成31（2019）年2月14日、法務大臣から法制審議会に民法と不動産登記法の改正が諮問され、法制審議会に山野目章夫早稲田大学大学院教授を部会長とする民法・不動産登記法部会が設置された。令和元（2019）年12月には「民法・不動産登記法（所有者不明土地関係）等の改正に関する中間試案」が取りまとめられ、パブリック・コメント（意見募集）の手続が実施された。

中間試案に関するパブリック・コメント手続は、令和2（2020）年1月10日から同年3月10日まで実施され、計249件の意見があった。法制審議会民法・不動産登記法部会では、パブ

リック・コメント手続が実施されている間の第12回会議で、6名の参考人から意見聴取した。第9回会議で主に土地所有権の放棄に関し、6名の参考人から意見聴取した。

　パブリック・コメント手続の結果を踏まえ、最終取りまとめに向けた審議が行われ、令和3（2021）年2月までの約2年間に計26回の会議が開催された。同年2月10日、法制審議会総会で要綱案どおりの内容で「民法・不動産登記法（所有者不明土地関係）の改正等に関する要綱」が全会一致で決定され、法務大臣に答申された。

　この答申に基づいて立案作業が進められ、令和3（2021）年3月5日「民法等の一部を改正する法律案」と「相続等により取得した土地所有権の国庫への帰属に関する法律案」が第204回国会（常会）に提出された。

5　国会審議の経過

　両法律案は、令和3（2021）年3月17日から衆議院法務委員会で審査され、同月30日の衆議院法務委員会と4月1日の衆議院本会議で、全会一致で可決され参議院に送付された。同月12日から参議院法務委員会で審査が開始し、同月20日の参議院法務委員会と同月21日の参議院本会議で、全会一致で可決され法律として成立し、同月28日に公布された。なお、衆議院法務委員会と参議院法務委員会で附帯決議がある。

6 両法律のあらまし

　法律の内容は、①所有者不明土地の発生予防と、②既に発生している所有者不明土地の利用の円滑化に分かれる。

　改正法は、民法とそれに関連する非訟事件手続法と家事事件手続法を改正する部分と、不動産登記法を改正する部分に分かれている。

　民法改正では、相隣関係規定と共有制度と財産管理制度や相続制度などを見直している。不動産登記法改正は、所有者不明土地の発生を予防するためのものであり、これまで任意とされていた相続登記や住所変更登記の申請を義務付け、その環境整備策を導入している。

　相続土地国庫帰属法は、新法を制定する形式がとられ、相続で土地所有権を取得した者が、法務大臣の承認を受けて、土地所有権を国庫に帰属させる制度を創設している。

　なお、改正法の成立後、令和4（2022）年4月27日に「所有者不明土地の利用の円滑化等に関する特別措置法の一部を改正する法律」（令和4年法律第38号）が成立した。所有者不明土地の利用円滑化等特別措置法の一部改正では、所有者不明土地の利用の円滑化の観点から、地域福利増進事業の対象事業等が拡充され、災害等の発生防止に向けた管理の適正化の観点から、改正法により新たに設けられる管理不全土地管理命令の申立権を市町村長に付与している。

○法制審議会に対する諮問（平成31年諮問第107号）

　土地の所有者が死亡しても相続登記がされないこと等を原因として、不動産登記簿により所有者が直ちに判明せず、又は判明しても連絡がつかない所有者不明土地が生じ、その土地の利用等が阻害されるなどの問題が生じている近年の社会経済情勢に鑑み、相続等による所有者不明土地の発生を予防するための仕組みや、所有者不明土地を円滑かつ適正に利用するための仕組みを早急に整備する観点から民法、不動産登記法等を改正する必要があると思われるので、左記の方策をはじめ、その仕組みを整備するために導入が必要となる方策について、御意見を承りたい。

記

第一　相続等による所有者不明土地の発生を予防するための仕組み

　一　相続登記の申請を土地所有者に義務付けることや登記所が他の公的機関から死亡情報等を入手すること等により、不動産登記情報の更新を図る方策

　二　土地所有権の放棄を可能とすることや遺産分割に期間制限を設けて遺産分割を促進すること等により、所有者不明土地の発生を抑制する方策

第二　所有者不明土地を円滑かつ適正に利用するための仕組み

　一　民法の共有制度を見直すなど、共有関係にある所有者不明土地の円滑かつ適正な利用を可能とする方策

　二　民法の不在者財産管理制度及び相続財産管理制度を見直

すなど、所有者不明土地の管理を合理化するための方策

三　民法の相隣関係に関する規定を見直すなど、隣地所有者による所有者不明土地の円滑かつ適正な利用を可能とする方策

令和3（2021）年3月30日衆議院法務委員会附帯決議

　政府は、本法の施行に当たり、次の事項について格段の配慮をすべきである。

一　経済価値の乏しい相続土地の国庫帰属については、申請人の負担軽減の必要性も踏まえ、承認要件や申請人の費用負担の在り方を検討するとともに、施行後五年間の運用状況を踏まえ、検討を行うに当たっては、土地所有権の放棄の在り方、承認申請者の要件、国庫帰属後の土地の利活用の方策その他の事項についても検討し、その結果に基づいて必要な措置を講ずること。また、承認申請があった際には、関係機関や地方公共団体との連絡・連携を密にし、土地の有効活用の機会を確保するよう、地域の実情に沿った運用に努めること。

二　相続登記等の申請の義務違反の場合において、法務局における「正当な理由」の判断や裁判所に対する過料事件の通知の手続等過料の制裁の運用に当たっては、透明性及び公平性の確保に努めるとともに、DV被害者の状況や経済的な困窮の状況等実質的に相続登記等の申請が困難な者の事情等を踏まえた柔軟な対応を行うこと。

三　相続人申告登記、住所等の変更登記をはじめとする新

たに創設する職権的登記について、登記申請義務が課される者の負担軽減を図るため、添付書面の簡略化に努めるほか、登録免許税を非課税とする措置等について検討を行うとともに、併せて、所有者不明土地等問題の解決に向けて相続登記の登録免許税の減免や添付書面の簡略化について必要な措置を検討すること。

四　在留外国人が各種相続手続に必要な書類を収集することに困難を伴う例があることなどを考慮し、在留外国人の身分関係を証明しやすくするための取組について、必要な検討を行うこと。

五　遺産分割協議が行われ、その結果を登記に反映させることは確定的な権利帰属を促進し、不動産所有権の分散化の防止につながるもので、本改正の趣旨にも沿うものであることから、関係機関及び専門職者は連携体制を強化し、その促進に向けて、積極的に周知広報を行うこと。

六　登記官が他の公的機関から死亡等の情報を取得し、職権で登記に符号を表示するに当たっては、死亡等の情報が迅速にかつ遺漏なく登記に反映されるよう、情報収集の仕組みについて更に検討し、必要な措置を講ずるとともに、死亡者課税を極力避けるべく死亡者の情報についての各種台帳相互の連携を図ること。

七　両法案に基づく新たな所有者不明土地対策としての各種施策を着実に実施し、所有者不明土地問題の解決を図るため、法務局の十分な人的体制及び予算の確保を図る

こと。

八　所有者不明土地等問題の地域性や土地等の種類に応じ、それぞれの実情を踏まえた解決に向けて、効率的な管理と申立人の負担の軽減を趣旨とする所有者不明土地等の新たな財産管理制度の諸施策を実施するに当たっては、司法書士や土地家屋調査士等の専門職者の積極的な活用を図るとともに、制度の趣旨及び請求が可能な利害関係人や利用ができる事例等について周知を図ること。また、財産管理制度において、管理人による土地等の処分に対する裁判所の許可が適切になされるよう、借地関係等の利用状況や売買の相手方を慎重に調査すべきことを関係者に周知徹底するとともに、本法施行後の実務の運用状況を踏まえ、必要に応じて裁判所の許可に対する利害関係人の不服申立て制度の導入等を検討すること。

九　今回の所有者不明土地対策のための見直しは国民生活に重大な影響を及ぼすものであることから、国民全般に十分に浸透するよう、積極的かつ細やかな広報活動を行い、周知徹底に努めるとともに、本法施行前に発生した相続について相続登記等の申請義務化に関する規定や遺産分割に関する規定が適用されることについては、国民の混乱を防止する観点から、特に周知徹底を図ること。

十　法定相続人の範囲の特定に係る国民の負担に鑑み、令和五年度から実施される戸籍証明書等の広域交付の実施状況等を踏まえ、更なる負担の軽減策について検討するほか、所有者探索に関して、国や地方公共団体から委託

を受けた専門家の調査における戸籍証明書等の取得の手続の円滑化についても、オンライン化等を含め、検討すること。

十一　国土の有効利用を図る観点から、国土調査事業及び地図作成事業を迅速に実施して不動産登記法第十四条地図を整備し、土地の筆界の明確化を図るよう努めるとともに、ランドバンクの果たすべき役割について検討するとともに活用の強化を図るほか、新たに創設される管理不全土地管理命令についての地方公共団体の長による申立てを認めることを検討すること。

令和3（2021）年4月20日参議院法務委員会附帯決議

政府は、本法の施行に当たり、次の事項について格段の配慮をすべきである。

一　経済価値の乏しい相続土地の国庫帰属については、申請人の負担軽減の必要性も踏まえ、承認要件や申請人の費用負担の在り方を検討するとともに、施行後五年間の運用状況を踏まえ、検討を行うに当たっては、土地所有権の放棄の在り方、承認申請者の要件、国庫帰属後の土地の利活用の方策その他の事項についても検討し、その結果に基づいて必要な措置を講ずること。また、承認申請があった際には、関係機関や地方公共団体との連絡・連携を密にし、土地の有効活用の機会を確保するよう、地域の実情に沿った運用に努めること。

二　相続登記等の申請の義務違反の場合において、法務局における「正当な理由」の判断や裁判所に対する過料事件の通知の手続等過料の制裁の運用に当たっては、透明性及び公平性の確保に努めるとともに、DV被害者の状況や経済的な困窮の状況等実質的に相続登記等の申請が困難な者の事情等を踏まえた柔軟な対応を行うこと。

三　相続人申告登記、住所等の変更登記をはじめとする新たに創設する職権的登記について、登記申請義務が課される者の負担軽減を図るため、添付書面の簡略化に努めるほか、登録免許税を非課税とする措置等について検討を行うとともに、併せて、所有者不明土地等問題の解決に向けて相続登記の登録免許税の減免や添付書面の簡略化について必要な措置を検討すること。

四　在留外国人が各種相続手続に必要な書類を収集することに困難を伴う例があることなどを考慮し、在留外国人の身分関係を証明しやすくするための取組について、必要な検討を行うこと。

五　遺産分割協議が行われ、その結果を登記に反映させることは確定的な権利帰属を促進し、不動産所有権の分散化の防止につながるもので、本改正の趣旨にも沿うものであることから、関係機関及び専門職者は連携体制を強化し、その促進に向けて、積極的に周知広報を行うこと。

六　登記官が他の公的機関から死亡等の情報を取得し、職権で登記に符号を表示するに当たっては、死亡等の情報

が迅速にかつ遺漏なく登記に反映されるよう、情報収集の仕組みについて更に検討し、必要な措置を講ずるとともに、死亡者課税を極力避けるべく死亡者の情報についての各種台帳相互の連携を図ること。

七　両法案に基づく新たな所有者不明土地対策としての各種施策を着実に実施し、所有者不明土地問題の解決を図るため、法務局の十分な人的体制及び予算の確保を図ること。

八　所有者不明土地等問題の地域性や土地等の種類に応じ、それぞれの実情を踏まえた解決に向けて、効率的な管理と申立人の負担の軽減を趣旨とする所有者不明土地等の新たな財産管理制度の諸施策を実施するに当たっては、司法書士や土地家屋調査士等の専門職者の積極的な活用を図るとともに、制度の趣旨及び請求が可能な利害関係人や利用ができる事例等について周知を図ること。また、財産管理制度において、管理人による土地等の処分に対する裁判所の許可が適切になされるよう、借地関係等の利用状況や売買の相手方を慎重に調査すべきことを関係者に周知徹底するとともに、本法施行後の実務の運用状況を踏まえ、必要に応じて裁判所の許可に対する利害関係人の不服申立て制度の導入等を検討すること。

九　今回の所有者不明土地対策のための見直しは国民生活に重大な影響を及ぼすものであることから、国民全般に十分に浸透するよう、積極的かつ細やかな広報活動を行い、周知徹底に努めるとともに、本法施行前に発生した

相続について相続登記等の申請義務化に関する規定や遺産分割に関する規定が適用されることについては、国民の混乱を防止する観点から、特に周知徹底を図ること。この際、法律専門職者との連携に努めるとともに、広報に必要な予算の確保に努めること。

十　隣地使用権や導管設置権を始めとする新たな相隣関係の諸規定については、広く国民に周知をするほか、導管の設置等に関わる地方公共団体や事業者等にも周知広報を行うこと。

十一　所有者不明土地対策の観点から進められている、長期相続登記等未了土地解消作業、表題部所有者不明土地解消作業、法務局における遺言書の保管制度等の諸施策については、司法書士、土地家屋調査士等の専門職者の活用を図りつつ、より一層推進していくこと。

十二　法定相続人の範囲の特定に係る国民の負担に鑑み、令和五年度から実施される戸籍証明書等の広域交付の実施状況等を踏まえ、更なる負担の軽減策について検討するほか、所有者探索に関して、国や地方公共団体から委託を受けた専門家の調査における戸籍証明書等の取得の手続の円滑化についても、オンライン化等を含め、検討すること。

十三　国土の有効利用を図る観点から、国土調査事業及び地図作成事業を迅速に実施して不動産登記法第十四条地図を整備し、土地の筆界の明確化を図るよう努めるとともに、ランドバンクの果たすべき役割について検討する

とともに活用の強化を図るほか、新たに創設される管理
不全土地管理命令についての地方公共団体の長による申
立てを認めることを検討すること。

第 **2** 章

民法の改正

1 改正の全体像

　調査を尽くしても土地の所有者や共有者が特定できず所在が不明だと、土地の円滑な利用や管理をすることが困難になる。また、所有者不明土地問題をきっかけに現行民法の規律が現代社会に合わなくなっていることが顕在化した。

　今回の民法の見直しでは、所有者や共有者が所在不明になっている所有者不明土地の利用を円滑化する仕組みを新設し、民法の規律を合理化して相隣関係と共有と財産管理と相続の各制度を改正した。

　本書では、以下、改正法による改正後の民法を「新民法」と、改正法による改正後の不動産登記法を「新不登法」と、改正法による改正後の非訟事件手続法を「新非訟法」と、改正法による改正後の家事事件手続法を「新家事法」という。

2 相隣関係の見直し

(1) あらまし

　現行民法には土地所有者による隣地の使用に関する規律がなかったり不明確であったりして、隣地の使用を阻害していたので、隣地を使用することができる場合の要件を明確にして、隣地の所有者が分からない状態でも、適正に隣地を使用することができるように、相隣関係について次のような改正がされてい

る。

① 境界調査や竹木の枝の切取りなどのために隣地を使用する
ことができる仕組みの整備

② ライフラインを引き込むための導管等の設備を他人の土地
に設置することができる権利の明確化

③ 越境した竹木の枝について、催告しても枝が切除されない
場合や竹木所有者不明の場合などには、越境されている土地
の所有者が自ら枝を切り取ることができる仕組みの整備

(2) 隣地使用権の規律の整備

a 改正の理由

現行民法209条 1 項では、「土地の所有者は、境界又はその付
近において障壁又は建物を築造し又は修繕するため必要な範囲
内で、隣地の使用を請求することができる。ただし、隣人の承
諾がなければ、その住家に立ち入ることはできない。」とされ
ている。しかし、①障壁・建物の築造・修繕以外の目的で隣地
を使用することができるかどうかが不明確である、②「隣地の
使用を請求することができる」の具体的意味が判然とせず、隣
地所有者が所在不明である場合には対応が困難である、③「隣
人」の意味が不明確であるという指摘があった。

b 改正の内容

(a) 隣地使用が認められる目的の拡充と明確化

改正法では、隣地使用の必要性が高い目的として、①境界や
その付近の障壁、建物その他の工作物の築造と収去や修繕、②
境界標の調査や境界に関する測量、③新民法233条 3 項による

越境した枝の切取りが列挙され、隣地使用が認められる目的を拡充し明確化している。

① 障壁と建物その他の工作物の築造・収去・修繕

現行民法209条では、障壁と建物を築造し修繕することのみを隣地使用権の目的としていたが、土地を円滑に利用し管理するには、障壁や建物以外の工作物を設置し、設置された障壁などを収去する場合にも、隣地の使用を認めることが合理的である。そこで、新民法209条１項１号では「障壁、建物その他の工作物の築造、収去又は修繕」のために、隣地を使用することができるとした。

② 境界標の調査や境界に関する測量

土地の売却や土地上の建物の建築等の際には、土地の境界（いわゆる所有権の境界）を確認し、面積などを明らかにする。境界標の調査や境界に関する測量の作業は、不動産に関する社会経済活動を支えるので重要である。しかし、境界標の調査をするには、隣地の使用が不可欠であることも少なくないにもかかわらず、現行法では隣地を使用してよいかが明らかでなかった。新民法209条１項２号は、境界標の調査や境界に関する測量の目的で隣地を使用することができることを明らかにした。

「境界に関する測量」は、所有権の境界を確定するための測量を指しているが、所有権の境界はいわゆる筆界（登記がされた際に土地の範囲を区画するものとして定められた線。不登法123条参照）と一致することが多く、また、両者が異なっていたとしても、所有権の境界を特定するためには筆界の調査も必要になることが多いため、筆界の測量のために隣地を使用すること

もできると解される。なお、境界標の調査のために隣地の表土を掘り起こす必要があるケースでは、必要性が認められる限度で掘り起こしが許容される。ただし、境界標の調査のためであっても、隣地上の建物の基礎部分をその所有者に無断で削ることは、隣地とは別の不動産である建物の所有権を侵害する行為であるため、「隣地の使用」の範囲を超え許されない。

③　越境した枝の切取り

後記⑷のとおり、新民法233条3項で、一定の場合に土地所有権による越境した枝の切取りが認められた。斜面地では、越境した枝の切取りのために土地所有者が隣地に立ち入る必要があることもある。そこで、新民法209条1項3号では、土地所有者は新民法233条3項の規律に基づいて越境した枝を自ら切り取る際に、必要な範囲内で隣地を使用することができることになった。

⒝　隣地使用権の内容に関する規律の整備

新民法209条1項では、土地所有者は、所定の目的のために必要な範囲内で、隣地を使用する権利を有する旨が明確化され、隣地の所有者と隣地を現に使用している者（隣地使用者）の承諾がなくても、隣地を使用することができることが明らかになった。

また、現行法では隣地の使用は必要な範囲内で認められていたが、隣地の使用態様に関する規律はなかった。もっとも、隣地の使用は、隣地所有者と隣地使用者の権利を制約することもあるので、制約は必要最小限でなければならないところ、隣地所有者などの権利の制約の有無は、隣地を使用する日時と場所

と方法によって左右される。そこで、新民法209条2項では、隣地使用は、隣地所有者・隣地使用者のために損害が最も少ない日時・場所・方法で認められるものとされている。

　なお、改正法下でも、隣地所有者・隣地使用者が事前通知を受けて立入りを拒否しているにもかかわらず土地の所有者がこれを排除して隣地に立ち入るためには、妨害差止め・排除の請求の訴えを提起するなどの手続を経て、債務名義に基づいて強制執行の手続をとる必要がある。こうした手続をしない隣地使用が違法になるかどうかは、個別の事案に応じて判断される。隣地所有者・隣地使用者が隣地を現に住居敷地として使用している場合に、その者の同意もなく、門扉を開けるなどして隣地に侵入し使用することは、違法な自力救済になるおそれがある。他方で、隣地が空き地で、隣地を実際に使用している者もいなくて、隣地の使用を妨害しようとする者もいない場合には、裁判手続を経ていなくても、土地の所有者が隣地使用権に基づいて適法に隣地を使用することができる。ただし、隣地所有者・隣地使用者が、隣地使用を拒絶していることを明確にしている場合、実際に妨害行為に出るかどうかを問わず、後日の紛争を回避するために、隣地使用権の確認の訴えを提起するなどの法的措置をとることが適切である。

(c)　**隣地使用権を行使するための手続**

　①　事前の通知

　土地所有者が隣地使用権に基づいて隣地を使用する場合、隣地所有者・隣地使用者に事前告知する必要がある。現行民法209条が「隣地の使用を請求することができる」としていたの

は、請求により事前に隣地を使用する旨を告知する趣旨も含まれている。

新民法209条 1 項と 2 項では、隣地使用権が一定の目的のために必要な範囲内で認められ、使用の日時と場所と方法について損害が最も少ないものを選ばなければならないとされていて、 3 項本文では、土地所有者が隣地を使用する際「あらかじめ」目的と日時と場所と方法を、隣地所有者・隣地使用者に通知しなければならないこととされた。隣地が共有の場合には、共有者全員に通知しなければならない。

隣地所有者・隣地使用者には、隣地使用の内容が民法の要件を充足するか否かを判断し、事案によって、別の日時や場所や方法を提案し、隣地使用を受け入れる準備をする機会が確保される。

「あらかじめ」といえるためには、隣地所有者・隣地使用者が、隣地使用権の行使に対して準備する合理的な期間を置くことが求められる。合理的な期間の具体的な長さは個別事情で判断されるが、例えば、隣地使用の目的が境界測量や枝の切取りである場合など隣地所有者・隣地使用者の負担が比較的小さい場合、基本的には 2 週間程度で足りる。

また、土地所有者は、隣地所有者・隣地使用者に別提案や準備する機会を与えるよう、隣地使用の目的と日時と場所と方法を特定して通知しなければならない。詳細な使用場所や方法については口頭による説明で補うことも考えられ、隣地所有者・隣地使用者から求められれば、土地と隣地の図面や工事等の施工業者の説明書などを利用して説明することも考えられる。

② 使用開始後の通知

　隣地使用では原則として事前通知を要するが、隣地使用権は、基本的に一定の目的のために一時的に隣地を使用するものにすぎないので、新民法209条3項ただし書では、「あらかじめ通知することが困難なとき」には事前通知は不要とされる一方で、そのような場合でも隣地使用の継続中は隣地所有者・隣地使用者への影響が生じ得ることから、使用の開始後に遅滞なく通知することが必要であるとしている。

　「あらかじめ通知することが困難なとき」とは、例えば、建物を早急に修繕しなければその建物に居住することが困難になるなどの急迫事情があるケースや、隣地所有者・隣地使用者が特定できないか、所在不明なケースなどが考えられる。所在不明のケースでは、現地調査に加えて、不動産登記簿や住民票など公的記録を確認しても隣地所有者・隣地使用者が特定できないか、その所在が不明な場合が想定される。具体的事案で求められる調査の程度は、隣地の使用状況や公的記録の保存状況等を踏まえて判断される。例えば、不動産登記簿上の所有者（登記名義人）の死亡が判明した場合、登記名義人の戸籍の調査を試みても土地所有者（登記名義人の相続人）を確認することができず、これを特定することができない場合、あらかじめ通知することが困難と判断され得る。

　また、隣地が共有地で一部の共有者が所在不明の場合、所在不明な共有者との関係では「あらかじめ通知することが困難なとき」に当たり事前通知は不要で、その他の共有者に対しては事前通知が必要になる。

　なお、隣地所有者が所在不明であるケースでは、隣地使用中にその所在が判明した場合には遅滞なく通知する必要があるが、そうでない場合に民法98条の公示による意思表示により通知する方法をとる必要はない。

(d) 償　　金

　新民法209条4項では、土地所有者が一定の要件下で隣地を使用することによって隣地所有者・隣地使用者が損害を被った場合、現行法と同じように、土地所有者に償金を請求することができることとしている。

(e) 住家の立入りに関する承諾の主体

　改正法では、住家に居住している者の平穏の保護という規定の趣旨を踏まえ、「隣人」という文言を「居住者」に改めた。隣地所有者や隣地上の建物所有者などであっても、居住していないものは含まれないことを明確にしている。また、改正法の下で、居住者が住家を一時的に不在にしている場合でも、その住家に立ち入るためには、居住者の承諾が必要になる。これに対し、建物に長期間誰も居住していないなど、およそ居住の実態がないような建物は「住家」に当たらず、住家の立入りに関する承諾の規律が適用されない。

(3) ライフラインの設備設置権・設備使用権の規律の整備

a　改正の理由

　電気・ガス・水道などのライフラインが未発達の時代に民法は制定されたので、民法220条の「公の水流又は下水道に至る排水のための低地の通水」や民法221条の「通水用工作物の使

用」を除いて、ライフラインを自己の土地に引き込む場合に、他の土地への導管や導線の設備を設置する規定や他人が所有する給水装置などのライフライン設備の使用に関する規定はなかった。

　現代生活ではライフラインを引き込む必要性が高いが、他の土地に新たな設備を設置したり、他人が所有するライフライン設備を使用したりしなければ、ライフラインを引き込むことができない土地の所有者は、民法209条、210条、220条、221条や下水道法11条を類推適用して他の土地を使用することができたが、類推適用される規定は必ずしも定まっていなかった。

　そのため、他の土地の所有者が新たな設備の設置を拒んだり、ライフライン設備の所有者が当該設備の使用を拒む場合に加えて、他の土地の所有者や設備所有者が所在不明である場合には、ライフラインを必要とする土地の所有者としては、事実上ライフラインを引き込むことができない事態が生じていた。

　また、他人の土地にライフラインの設備を設置する権利や他人が所有するライフライン設備を使用する権利があるのかないのか、あるとしたらどのような内容か不明確だったために、ライフラインを必要とする土地所有者が、他の土地・設備の所有者や使用者から不当な承諾料を求められることもあり、土地の円滑な利用が阻害されていた。

b　改正の内容

(a)　あらまし

　新民法213条の2第1項では、今までの解釈を踏まえて、土地所有者は、他の土地に設備を設置しなければ、電気・ガス・

水道水の供給その他これらに類する継続的給付（ライフライン）を受けることができないときは、ライフラインを受けるため必要な範囲内で、他の土地に設備を設置する権利（設備設置権）を有することが明記された。また、土地所有者は、ライフラインを受けるために必要な範囲内で、他人が所有する設備についても使用する権利（設備使用権）を有することが明記された。

新民法213条の2第2項以下では、他の土地や既存設備の所有者と他の土地の使用者の権利に配慮し、①設備の設置・使用の態様、②設備設置権・設備使用権を行使するための事前通知の手続、③設備を設置・使用する工事のために他の土地を使用する場合の規律や、④償金・費用などに関するルールが整備された。

また、民法210条、213条の「公道に至るための他の土地の通行権」（いわゆる囲繞地通行権）と同じように、新民法213条の3には、土地の分割や一部譲渡によって継続的給付を受けることができなくなった土地の所有者は、分割や譲渡の相手方の所有地のみに無償で設備を設置することができるとする規定が置かれている。

なお、他の土地の所有者や使用者が設備の設置を拒否しているのに、土地所有者がこれを排除して設備を設置するには、妨害排除・差止めの請求の訴えを提起するなどの手続を経て、債務名義に基づいて強制執行の手続をとる必要がある。こうした裁判手続を経ずに行われた設備設置が違法になるかどうかは個別の事案に応じて判断されるが、他の土地の所有者や使用者がその土地を住居敷地として使用している場合に、その者の同意

もなく、門扉を開けるなどして他の土地に侵入し設備を設置することは、平穏な使用を害するものとして、違法な自力救済に当たるおそれがある。

　他方で、他の土地が空き地で、他の土地を実際に使用している者がいなくて、他の土地への設備の設置を妨害しようとする者もいない場合、裁判手続を経ていなくても、土地の所有者が設備設置権に基づいて適法に他の土地に設備を設置することができると考えられる。ただし、他の土地の所有者が、設備の設置を拒絶する旨を明確にしている場合には、実際に妨害行為に出るかどうかを問わず、後日の紛争を回避するため、設備設置権の確認の訴えを提起するなどの法的措置をとることが適切である。

(b)　**ライフラインの設備設置権等の発生要件、設置・使用の態様**

　①　**発生要件**

　設備設置権が発生するには、土地所有者が、他の土地に設備を設置しなければ電気・ガス・水道水の供給その他これらに類する継続的給付を受けることができないことが必要である。

　継続的給付を受けるために隣接していない他の土地を使用しなければならない場合、例えば、Ｘ土地の所有者が、隣接地であるＹ土地だけでなく、直接隣接していないＺ土地にも給水管を設置しなければ、公道下の水道の配水管と接続することができないケースでは、土地の所有者は、隣接していないＺ土地についても必要な範囲内で設備を設置することができる。法文上もあえて「他の土地」という文言が採用され、「隣地」とは明

確に区別されている。

　設備使用権が発生するには、土地所有者が、他人が所有する設備を使用しなければ電気・ガス・水道水の供給その他これらに類する継続的給付を受けることができないことが必要である。

　他人が所有する設備とは、例えば、他人が設置し、所有している水道の給水管や電柱などで、その設備が他の土地に設置されている場合、土地所有者は、設備設置権に基づいて導管や導線を他の土地に設置して、設備使用権に基づいて他人が所有する設備に導管や導線を接続する必要がある。設備設置権や設備使用権は、土地所有者が、現代生活で不可欠な継続的給付（物資の供給のみならず排出に関するサービス給付を含む）を受けることを可能とするものである。この趣旨を踏まえると、電気・ガス・水道水の供給以外の「その他これらに類する継続的給付」には、現代生活において不可欠であると考えられる電話・インターネットなどの電気通信や下水の排出も含まれる。ただし、下水の排出に関しては特別法である下水道法の規律が基本的に適用される。また、この継続的給付の具体的内容は、技術の進歩に伴って変わっていくものと解される。

　継続的給付を受けるために設備を設置したり、既存設備を使用する必要がある場合であっても、その給付を受けるために必要な範囲内でなければならない。例えば、必要以上に大がかりな設備を他の土地に設置することや、必要以上に大きな負荷をかける形で他人が所有する設備を使用することは許されない。

　なお、新民法213条の2は、「継続的給付を受けることができ

ない」土地所有者に、他の土地や既存設備を利用して継続的給付を受ける権利を認めるもので、継続的給付をしようとする事業者に、他の土地への継続的給付をする権利を認めているわけではない。例えば、電気事業者が多数の顧客に向けて電気を供給するために、高圧電線を通す鉄塔を他の土地に設置することは、この条文の対象ではなく、設備設置権は発生しない。

② 設備の設置・使用の態様

他の土地に設備を設置したり、既存設備を使用することは、他の土地や既存設備の所有権を制限するので、その設備の設置場所や、既存設備の使用方法は、必要最小限にとどめる必要がある。

そこで、新民法213条の2第2項では、設備の設置場所、既存設備の使用方法については、他の土地や既存設備のために損害が最も少ないものを選ばなければならないこととされている。ライフラインを引き込むための手段が複数考えられる場合、例えば、水道水の供給を受ける方法として、他の土地に給水管を設置することも、他の土地にある給水設備に給水管を接続することも可能であるケースでは、これらの方法のうち損害が最も少ない方法を選択することになる。

具体的に設備の設置場所・既存設備の使用方法を選択するには、土地利用の相互調整という相隣関係の趣旨に照らし、設備設置・設備使用の必要性と、他の土地や他人が所有する既存設備が被る損害を総合的に勘案して、個別事案での地理的状況や、他の土地や既存設備の使用状況を踏まえて判断される。例えば、土地所有者が他の土地に設備を設置しようとする場合、

公道に通ずる私道や民法210条の「公道に至るための他の土地の通行権」の対象部分があれば、その部分に設備を設置することになると考えられる。

　なお、設備設置権や設備使用権は他の土地や既存設備の所有者の承諾の有無にかかわらず発生する法定の権利で、事情が変わり要件を満たさなくなった場合には権利は消滅し、損害が最も少ない設備の設置場所・既存設備の使用方法も当然に変更される。そのため、公道に至るための通行権と同じように、設備の設置場所・既存設備の使用方法の変更に関する規律は設けられていない。

(c)　**設備設置権・設備使用権を行使するための手続**

　新民法213条の2第3項では、設備設置権や設備使用権に基づいて設備を設置したり、既存設備を使用する場合、他の土地の所有者・使用者や既存設備の所有者に対し、目的と場所・方法を事前に通知しなければならない。その趣旨は、他の土地の所有者等が、設備設置・設備使用の内容と新民法213条の2第1項・第2項の要件が合致するか判断して、事案によっては、別の場所や方法をとるように提案する機会を与え、設備設置・設備使用を受け入れる準備をする機会を与えることにある。

　このような趣旨から「あらかじめ」といえるためには、他の土地の所有者等が判断し準備するに足りる合理的な期間を置くことが求められる。合理的な期間は、他の土地の所有者等の負担を踏まえると、2週間から1か月程度と考えられる。

　また、ライフラインを引き込もうとする土地所有者は、他の土地の所有者・使用者に別の提案や準備をする機会を与えるた

めに、目的と場所と方法を特定して通知しなければならない。詳細な設備の設置場所・使用方法については口頭による説明で補うことも考えられ、他の土地の所有者・使用者から求められれば、ライフラインを引き込もうとする土地と設備を設置しようとする他の土地の図面や、工事等の施工業者の説明書などを利用して説明することも考えられる。

　他の土地に設備を設置したり、他人が所有する既存設備に新たに支管等を接続したりすると、継続的に他の土地の所有者等の権利を制約することになるため、設備設置権と設備使用権では、手続保障のために、事前通知を必須としており、新民法209条3項ただし書の隣地使用権のような例外規定はない。もっとも、例えば、他の土地の所有者が所在不明の場合には、民法98条の公示による意思表示を活用して、事前通知することもできる。

　他の土地が数人の共有に属する場合、共有者全員に設備の設置・使用を受け入れる準備をする機会を与える必要があり、全員に事前通知する必要がある。一部の共有者の所在が不明である場合には、その共有者に対しては公示による意思表示による事前通知をすることになる。

　なお、既存設備を使用する場合には、既存設備の所有者に事前通知すれば足りる。設備使用者への事前通知を法律上は求めていない。例えば、Ａが所有し設備使用者Ｂが使用する上水道の配水管に、土地所有者Ｃが給水管を接続する場合には、土地所有者Ｃが配水管の設備を使用し始めたとしても、設備使用者Ｂは引き続き設備を使用して水の供給を受けることができるの

であれば、Bに対する事前通知は必須とされていないのである。もっとも、給水管の接続の際に配水管の使用がある程度制約されることもあり、設備使用者にも通知することが望ましい。

⒟ **設備を設置したり既存設備を使用する工事のために他の土地を使用する場合の規律**

ライフラインを引き込もうとする土地の所有者が設備設置権・設備使用権に基づいて他の土地で設備を設置したり、既存設備を使用し始める際には、他の土地を使用して工事をすることが必要になることが多い。

そこで、新民法213条の2第4項前段では、設備設置権・設備使用権を有する者は、他の土地に設備を設置したり、他人が所有する設備を使用するために、他の土地や他人が所有する設備がある土地を使用することができることとされている。

これも他人の土地を使用するもので、他の土地の所有者の権利に配慮する必要がある点で隣地使用権と基本的に利益状況が同じなので、新民法213条の2第4項後段では、隣地使用権の規律を準用することとされている。

ライフラインを引き込もうとする土地所有者が、設備の設置工事のために一時的に他の土地を使用する際に行う事前通知は、設備設置権に関する事前通知と併せてすることができる。

なお、設備設置権・設備使用権は、要件が満たされる限り恒常的に設備の設置・使用が認められるという権利の性質上、新民法209条3項の隣地使用権とは異なり、日時を通知することにはなっていない。ただし、設備の設置工事をするために、他

の土地を一時的に使用する場合、工事の日時などを別途通知する必要がある。

(e) 償金・費用

① 設備設置権に関する償金

ライフラインを引き込もうとする土地所有者が設備設置権に基づいて他の土地に設備を設置する際に生ずる損害には、㋐設備の設置に伴い土地の使用が制約されることによって継続的に生ずる損害、例えば、他の土地に給水管などの設備を設置し、その土地の一部の使用が制約されることによる損害と、㋑設備の設置時に一時的に生ずる損害、例えば、設備を設置するために他の土地上の工作物や竹木を除去することによって生じた損害がある。

㋐　継続的に生ずる損害に支払うべき償金については、新民法213条の2第5項により、1年ごとにその償金を支払うことができるとされている。この場合の「損害」は、土地の設備設置部分の使用料相当額で、設備を私道敷に設置するケースや設備を地下に設置するのみで地上の利用自体は制限しないケースでは、損害がないと認められることがある。なお、ライフラインを引き込もうとする土地所有者は、他の土地の所有者・使用者から、償金ではなく設備の設置を承諾することに対する「承諾料」を求められても、応ずる義務はない。

㋑　設備の設置時に一時的に生ずる損害に対して支払うべき償金については、新民法213条の2第4項後段で準用する新民法209条4項により、一括して支払わなければならないとされている。定期金払に関する新民法213条の2第5項かっこ

書では、この損害が適用対象から除かれている。

② 設備使用権に関する償金・費用負担

土地所有者が設備使用権に基づいて他人が所有する既存設備を使用する場合には、新民法213条の2第6項により、既存設備の使用を開始するために生じた損害、例えば、既存設備の使用のための接続工事の際に一時的に既存設備を使用停止したことに伴って生じた損害に対する償金を一括して支払う必要がある。

なお、設備使用権に基づいて既存設備を使用しているとしても、既存設備の所有者はそのまま既存設備を使用して継続的給付を受けることができるため、設備設置権のような継続的な損害に関する償金の規律は設けられていない。

他方で、設備使用権の目的となる既存設備については、設置や改築と修繕や維持のために費用を要することがあり、既存設備を使用して継続的給付を受ける設備使用権者も費用を受益に応じて分担することが公平にかなう。そこで、新民法213条の2第7項では、設備使用権に基づいて他人が所有する設備を使用する者は、その利益を受ける割合に応じて、設置や改築と修繕や維持に要する費用を負担しなければならない。

⒡ 土地の分割や一部譲渡により継続的給付を受けることができなくなった土地

土地の分割や一部譲渡によって継続的給付を受けることができない土地が生ずることがある。この場合には、分割や譲渡の当事者間でそのような土地が発生することを当然に予期することができるのであるから、設備設置権の負担を周囲の第三者に

負わせないようにする必要があるし、設備の設置に伴い継続的に生ずる損害については分割や譲渡の中で考慮されたものとして取り扱うことが相当である。

　そこで、改正法では、土地の分割や一部譲渡によって継続的給付を受けることができなくなった土地の所有者の設備設置権は、他の分割者か譲渡行為の相手方の所有地のみに成立することとされ、この場合には、設備設置権の目的となる土地で継続的に生ずる損害については償金を支払うことを要しないこととされている。

⑷　越境した枝の切取り

a　改正の理由

　現行民法233条では、土地所有者は、隣地の竹木の「根」が境界線を越えるときは、自らその根を切り取ることができるとされているのに対し、隣地の竹木の「枝」が境界線を越えるときは、自らその枝を切り取ることはできず、竹木の所有者に枝を切除するように求めることができるにすぎない。越境した枝の切除は、竹木に影響を与え得るため、竹木の所有者の利益に配慮したものと考えられてきたが、竹木の所有者が枝を切除しない場合には、越境された土地の所有者としては、訴えを提起し、所有者に枝の切除を命ずる判決を得て、強制執行するしかない。しかし、竹木の枝が越境するたびに訴えを提起しなければならないとすると、救済を受けるための手続が過重であるとの指摘があった。

b 改正の内容

(a) 越境した枝を切り取ることができる場合の規律

　新民法233条3項では、越境された土地の所有者は、竹木の所有者に枝を切除させる必要があるという原則は維持し、竹木の所有者に越境した枝を切除するよう催告しても、竹木の所有者が相当の期間内に切除しないとき（1号）、竹木の所有者を知ることができないときやその所在を知ることができないとき（2号）、急迫の事情があるとき（3号）のいずれかに当たるときには、越境した枝を自ら切り取ることができるとされている。

　1号の「相当の期間」とは、竹木の所有者が竹木の枝を切除するために必要と考えられる期間で2週間程度と考えられる。また、越境された土地所有者から竹木所有者への催告方式には法律上の制限はないが、紛争予防のため、書面で行うことが想定される。

　2号の「竹木の所有者を知ることができず、又はその所在を知ることができないとき」とは、現地調査と不動産登記簿・立木登記簿や住民票といった公的記録を確認する方法で調査を尽くしても竹木所有者やその所在が分からないときをいう。

　3号の「急迫の事情があるとき」とは、例えば、台風等の災害により枝が折れ、隣地に落下する危険が生じている場合などが想定される。

　なお、改正法には土地所有者が越境した枝を切り取る費用の規律はない。枝が越境して土地所有権を侵害していて、土地所有者が枝を切り取ると竹木所有者が本来負っている枝の切除義

務を免れるので、土地所有者は、不法行為や不当利得に基づき、枝の切取り費用を竹木の所有者に請求することができると考えられる。

⒝　**竹木が共有の場合の越境した枝の切取り**

また、現行民法では、共有竹木の枝が境界線を越えるときは、越境された土地所有者は、竹木の各共有者に対して枝を切除するように求めることができるが、各共有者が越境した枝を切り取ろうとしても、変更行為に当たるので共有者全員の同意が必要になると解する余地があった。

そのため、竹木の共有者は、竹木の枝が現に越境している状態を是正する必要があるのに、慎重を期して他の共有者を探して同意を求めなくてはならないので、相当の時間や労力を費やし、竹木の適切な管理ができなかった。

新民法233条2項では、竹木の枝の越境状態を円滑に解消するため、竹木が数人の共有に属する場合には、各共有者が越境した枝を切り取ることができることとされた。

また、越境された土地所有者が、新民法233条3項1号に基づいて数人の共有に属する竹木の枝を自ら切り取るに当たっては、竹木の所有者に切除の機会を与えるという同号の催告の趣旨を踏まえると、基本的に、竹木の共有者全員に枝を切除するよう催告する必要があると解される。もっとも、一部の共有者を知ることができず、又はその所在を知ることができないときには、その者との関係では同項2号の規律が適用され、催告は不要である。

したがって、土地所有者は不特定な共有者や所在不明な共有

者以外の共有者に枝を切除するよう催告しても、共有者が相当
の期間内に切除しないときは、自らその枝を切り取ることがで
きる。

　なお、新民法233条 2 項により、竹木の共有者は単独で越境
した枝を切り取ることができるから、越境された土地所有者と
しては、竹木の共有者の一人からの承諾や委託を得て、この共
有者に代わって枝を切り取ることもできる。

　また、越境された土地の所有者は、民法233条 1 項に基づい
て、共有者の一人に対しその枝の切取りを命ずる判決を得れ
ば、民事執行法171条 1 項と 4 項により、代替執行の方法で強
制執行をすることができる。

3　共有の見直し

(1)　概　　要

　土地などが共有になっていて、共有者の中に所在不明の者が
いると、円滑に利用しづらいので、共有物の利用を促進した
り、共有を円滑に解消するために共有制度について次のような
改正がされている。

　共有物の利用を促進するために、①共有物の軽微な変更行為
や短期の賃借権等の設定では、共有者全員の同意がなくても、
共有者の持分の価格の過半数で決定することができる、②共有
物を使用する共有者がいる場合のルールを明確にする、③所在
不明共有者や賛否不明共有者がいる場合、裁判所の手続を経

て、それらの共有者以外の共有者の同意で、共有物の管理等を可能とする仕組みを創設する、④共有物の管理者を共有者の持分の過半数の決定で選任することができる仕組みを創設する、改正がされた。

共有関係を円滑に解消するために、⑤裁判所による共有物分割に関する規律を整備する、⑥所在不明共有者の不動産持分を、適正な代価を供託した上で、他の共有者が取得したり、譲渡したりすることができる仕組みを創設する、改正がされた。

⑵　共有物の管理に関する事項の拡充・明確化

現行民法251条では、共有物に変更を加えるには、共有者全員の同意が必要とされる。しかし、共有者に与える影響の多寡にかかわらず、どのような変更も、一律に、一部でも反対者があればすることができないと、共有物の円滑な利用を妨げる。

新民法251条1項と252条1項では、共有物の変更のうちその形状や効用の著しい変更を伴わない「軽微変更」については、全員の同意を要する変更から除外し、持分の過半数で決することができる「管理に関する事項」として扱う。

「形状の変更」とは外観や構造を変更することを、「効用の変更」とは機能や用途を変更することをいう。共有物に変更を加えることが軽微変更に当たるかどうかは、変更を加える箇所と範囲、変更行為の態様と程度を総合して個別に判断される。例えば、砂利道をアスファルト舗装する行為や、建物の外壁を塗装するとか屋上を防水する大規模修繕工事は、軽微変更に当たる。

【表】共有物の変更・管理・保存の概念整理

管理（最広義）の種類		根拠条文	同意要件
変更（軽微変更を除く）		新民法251条1項	共有者全員
管理（広義）	変更（軽微）	新民法251条1項	持分の価格の過半数
		新民法252条1項	
	管理（狭義）	新民法252条1項	
保存		新民法252条5項	共有者単独

　新民法での共有物の変更・管理・保存に関する概念を整理すると、【表】のようになる。

　また、現行法では、共有物に賃借権などの使用・収益権を設定することは基本的には「管理に関する事項」に当たり、持分の過半数で決定することができるが、他方で、長期間にわたる使用・収益権の設定は、共有者に与える制約が大きいため、共有者全員の同意を要すると解釈されていた。もっとも、その判断基準が明確でなく、持分の過半数で賃借権の設定をすることは実際上困難であるとの指摘もあった。

　改正法では、存続期間が民法602条各号の定める期間を超えない短期の賃借権などの使用・収益権は、新民法252条1項から3項までの規定により、持分の過半数の決定で設定することができる。具体的には、同条4項により、①樹木の栽植や伐採を目的とする山林の賃借権は10年、②①以外の土地の賃貸借は5年、③建物の賃借権については3年、④動産の賃借権は6か月を超えないものがその対象となる。上記の期間を超える賃借権の設定は、その用途が長期間にわたって限定され共有者に多

大な影響を与えることから、効用の著しい変更を伴うものとして共有者全員の同意が必要になる。

　建物所有を目的とする土地の賃借権では、契約でその存続期間を5年以内と定めても、借地借家法3条が適用され、借地権の存続期間は30年になる。共有に属する土地にこのような借地権を設定することは、新民法252条4項2号の期間を超えることになり、長期間にわたって用途が限定され共有者に多大な影響を与えることから、借地借家法25条の一時使用目的を除き、効用の著しい変更を伴うものとして共有者全員の同意が必要になる。

　建物賃貸借では、契約でその期間を3年以内と定めても、借地借家法28条が適用され、建物賃貸人は、正当事由があると認められる場合でなければ、契約の更新をしない旨の通知をすることができないことになる。そのため、3年以内の約定期間の経過による建物の賃貸借の終了を確保することはできない。共有に属する建物に賃借権を設定する場合、賃借権は新民法252条4項3号の期間を超えないものに基本的に当たらず、効用の著しい変更を伴うものとして共有者全員の同意が必要になる。これに対し、借地借家法38条1項の契約の更新がないことを定める定期建物賃貸借、同法39条1項の取壊し予定の建物の賃貸借、同法40条の一時使用目的の建物の賃貸借については、約定期間の経過による建物の賃貸借の終了が確保されるので、存続期間を所定の期間（3年）以内にする限り、新民法252条4項3号に基づき、共有持分の価格の過半数の決定により設定することができる。もっとも、賃貸借契約に際して、更新がないな

ど所定の期間内に賃貸借が終了することを書面で明確にする必要がある。

(3) 共有物を使用する共有者がいる場合の管理事項の決定

どの共有者が共有物を使用するかや、共有物の使用方法を定めることは、共有物の管理に関する事項で、新民法252条1項により、持分の過半数の決定による。もっとも、現行法下では、共有物を使用する共有者がいて、その共有者の同意がなくても、持分の価格の過半数で共有物の管理に関する事項を決定できるか、例えば、別の共有者に使用させることや使用方法についての決定をすることができるかは明確でなく、共有物を使用する共有者の同意なく利益を奪うことは相当でないとして、全ての共有者の同意を得なければならないとする見解もある。しかし、共有者の過半数の決定を得て特定の共有者が共有物を使用している場合、過半数での決定事項を変更するために共有者全員の同意を得なければならないとすると、共有物の利用方法が硬直化してしまう。また、共有者間の決定を得ずに共有物を使用している共有者がいる場合もあるが、そのような共有者を保護する必要性が高いとはいえない。

新民法252条1項後段では、共有物を使用する共有者がいる場合でも、持分の価格の過半数で共有物の管理事項を決定することができるとされた。したがって、持分の過半数の決定を得ずに共有物を使用している共有者がいる場合、過半数の持分を有する共有者が別の共有者に共有物を使用させようとするときは、現在使用している共有者の同意を得ることなく、この規律

に基づいて別の共有者に使用させることができる。

　他方で、共有者間の持分の価格の過半数で決定された共有物の利用方法の定めに従って使用している共有者の同意を得ずに、新民法251条1項後段を基に変更すると、その共有者は大きな不利益を被ることがある。

　そこで、新民法252条3項では、共有者間の決定に基づいて共有物を使用する共有者に特別の影響を及ぼすべきときは、その決定を変更する決定をすることについて、その共有者の承諾を得なければならないとされた。「特別の影響」とは、対象となる共有物の性質に照らし、「決定を変更する必要性」と「変更によって共有物を使用する共有者に生ずる不利益」を比較して、共有物を使用する共有者に受忍すべき程度を超えて不利益を生じさせることをいう。その有無は、具体的事案に応じて判断される。共有物を使用する共有者がその共有物を住居や農地などの生計の手段として用いているなどの事情がある場合には、決定の変更により共有物を使用する共有者に生ずる不利益に関する事情として考慮される。

　このほか、新民法249条2項と3項では、共有物を使用する共有者は、他の共有者に対し、自己の持分を超える使用の対価を償還する義務を負うことや、善管注意義務を負うことを明文化している。例えば、共有者が過失により共有物を滅失や損傷させた場合、他の共有者は、善管注意義務の債務不履行や共有持分の侵害による不法行為に基づく損害賠償請求を行うことができる。

　なお、昭和30年5月31日の最高裁判決により、相続で生じる

共有（遺産共有）の性質は現行民法249条以下に規定する通常共有と異ならず、遺産共有状態にある遺産の使用に関する規律は、通常共有と同じ共有物の使用に関する規律に従うと解されている。新民法249条3項には、善管注意義務の規律が設けられ、特段の除外規定も置かれてないから、相続の承認をした共同相続人は、遺産を使用するに際しては、善管注意義務を負う。また、改正後も、新民法918条では、相続の承認や放棄するまでのいわゆる熟慮期間中には、固有財産と同一の注意をもって相続財産を管理すれば足りるとする規律が維持されており、その場面で遺産共有持分を有する者が相続財産に属する物を使用する場合には、新民法918条が適用されることになる。

⑷　所在不明共有者がいる場合の共有物の変更・管理

　現行民法251条と252条では、共有物に変更を加えるには共有者全員の同意を必要とし、管理に関する事項は共有者の持分の過半数で決するとされる。しかし、共有者の一部が不特定であったり、所在不明である場合、共有者全員の同意を得ることはできないし、その共有者の持分によっては、共有者の持分の過半数による決定もすることができないこともある。所在不明の共有者につき民法25条の不在者財産管理人などを選任し、その同意を得て代替する方法もあるが、管理人の選任を求めた共有者が管理人の報酬を事実上負担しなければならないケースもある。さらに、共有者が不特定である場合には管理人を選任することもできない。

　共有物は共有者がその持分に応じて使用すべきものであるに

もかかわらず、所在不明共有者がいることにより、変更を加えることや管理に関する事項を決定することができず、共有物の利用が阻害されるのは適当でない。

　新民法251条2項と252条2項1号では、共有物の利用を促進するために、共有者の一部が不特定か所在不明の場合には、裁判を得て、所在不明共有者以外の共有者全員の同意により共有物に変更を加え、所在不明共有者以外の共有者の持分の過半数により管理に関する事項を決することが可能とされている。なお、この仕組みは、不動産に限らず、共有物一般に適用され、共有となった原因が相続である場合（遺産共有）にも適用される。

　所在不明共有者以外の共有者による変更や管理の裁判の要件は、「共有者が他の共有者を知ることができず、又はその所在を知ることができないとき」である。要件を充足するには、公的記録の調査などの必要な調査をしても、共有者を特定することができず、又は所在を知ることができないことが必要になる。問題となっている共有物が不動産の場合には、まず不動産登記簿の調査が必要になるが、それだけでは足りず、共有者が個人の場合には住民票、共有者が法人の場合、商業・法人登記簿や商業・法人登記簿上の代表者の住民票などの公的記録の調査も必要となる。また、共有物の利用状況を確認したり、裁判を請求しようとする共有者にとって他に連絡をとることができる共有者がいればその者に確認したりするなどの調査も必要となると解される。

　所在不明共有者がいても、全ての変更行為や管理に関する事

項を所在不明共有者以外の共有者により決定することができる
とすると、所在不明共有者以外の共有者の権限が広くなりすぎ
る。そのため、所在不明共有者以外の共有者による変更・管理
の裁判により所在不明共有者以外の共有者が決定することがで
きる行為は、裁判で具体的に特定された行為のみであると解さ
れ、対象となる行為の特定を欠く申立ては却下される。した
がって、所在不明共有者以外の共有者による変更・管理の裁判
の申立てでは、決定しようとする行為を、具体的に特定する必
要がある。

　所在不明共有者以外の共有者による変更の裁判がされた場合
には、所在不明共有者以外の共有者全員の同意により共有物に
変更を加えることができるようになる。また、所在不明共有者
以外の共有者による管理の裁判がされた場合には、所在不明共
有者以外の共有者の持分の過半数により管理に関する事項を決
することができるようになる。

　これらの裁判は、上記の効力を有するにとどまり、実際に共
有物に変更を加えるには、裁判外で、所在不明共有者以外の共
有者の同意を得る必要がある。また、管理に関する事項は、裁
判外で、所在不明共有者以外の共有者の持分の過半数により決
定する必要がある。

　この裁判の手続は、非訟事件手続であり、新非訟法85条で、
共有物の所在地を管轄する地方裁判所が管轄裁判所であること
や、決定するには公告の実施や1か月以上の異議届出期間の経
過が必要であることなどの定めが置かれる。

　なお、所在不明共有者以外の共有者による変更・管理の裁判

がされ、これに基づいて、所在不明共有者以外の同意により共有物に変更を加えたり、所在不明共有者以外の共有者の持分の過半数により決定をして管理行為をした後に、所在不明共有者の所在等が判明することがあり得る。このような場合でも、裁判が有効に成立している以上、その裁判に基づいて実施された共有物の変更や管理は、適法である。

　他方で、所在不明共有者以外の共有者による変更・管理の裁判に基づく変更行為・管理行為は、飽くまでも共有者の所在等が不明であることを前提にするものである。所在不明共有者以外の共有者による変更・管理の裁判がされたが、変更行為や管理行為が実施される前に、所在不明共有者とされた共有者の所在等が判明したにもかかわらず、裁判を得た共有者が、所在等不明とされた共有者の同意を得ることなく変更行為や管理行為を実施することは、信義則に反したり、権利の濫用に該当するものとして、違法になり得る。

(5)　賛否を明らかにしない共有者がいる場合の共有物の管理

　現行民法252条では、共有物の管理に関する事項は共有者の持分の過半数により決せられる。現行規定が制定されて約120年が経過し、社会経済活動の広域化、国際化等の社会経済情勢の変化に伴い、共有者が共有物の所在から遠く離れて居住し活動し、共有者間の人的関係が希薄になっていることが多くなり、共有物の管理に関心を持たず、連絡等をとっても明確な返答をしない共有者がいて、共有者間で決定を得ることが容易でなくなってきている。他方で、催告を受け、意見を述べる機会

を与えられても、賛否を明らかにしない共有者は、他の共有者の判断にその決定の是非を委ねていると評価することが可能である。

新民法252条 2 項 2 号では、相当の期間を定めて共有物の管理に関する事項を決することについて賛否を明らかにすべき旨を催告しても、その期間内に賛否を明らかにしない共有者がある場合には、裁判により、賛否を明らかにしない共有者以外の共有者の持分の過半数で管理に関する事項を決することが可能とされた。

賛否不明共有者以外の共有者による管理の裁判により賛否不明共有者以外の共有者が決定することができる行為は、賛否を明らかにする機会が保障され、裁判で具体的に特定されたもののみであると解され、対象となる行為の特定を欠く申立ては却下されることになる。

この裁判手続は非訟事件手続であり、新非訟法85条は、共有物の所在地を管轄する地方裁判所が管轄裁判所であることや、裁判をするには通知の実施や 1 か月以上の賛否を明らかにするための期間の経過が必要であることなどの所要の手続を定めている。

なお、以上の仕組みは、不動産に限らず、共有物一般に適用され、遺産共有の場合でも適用されるが、新民法252条 1 項により、共有者全員の同意が必要となる「変更」を加える際には用いることはできない。共有物の変更行為は、その重大性から全員同意が要求されているが、賛否不明共有者を変更行為の意思決定から排除するとすれば、同意していない賛否不明共有者

を同意したのと同様に取り扱うことになり、全員同意を求めた趣旨と齟齬するためである。

賛否不明共有者以外の共有者による管理の裁判がされた場合には、賛否不明共有者以外の共有者の持分の過半数により管理に関する事項を決することができるようになる。この裁判は、上記の効力を有するにとどまり、実際に管理行為を実施するには、裁判外で、賛否不明共有者以外の共有者の持分の価格の過半数により決定する必要がある。

⑹ 共有物の管理者

共有者があらかじめ管理者を選任し、管理を委ねることができれば有用であるが、現行法には、管理者に関する明文の規定はなく、その選任の要件や管理者の権限などが必ずしも明らかではない。

新民法252条1項と252条の2第1項と第2項には管理者の規定があり、共有者の持分の過半数の決定により共有物の管理者の選任・解任をすることができること、共有物の管理者は管理行為をすることができることを明文化し、共有物の管理者が軽微変更以外の変更を加えるには、共有者全員の同意を要することなどが明記されている。なお、共有物の管理者は、共有持分の譲渡などの処分行為をする権限を有しない。

共有者は、共有物の管理者を選任した場合でも、共有物の管理に関する事項を決することができる。その場合には、新民法252条の2第3項により、共有物の管理者は共有者の決定に従ってその職務を行う。また、管理に関する事項の決定に違反

して行った共有物の管理者の行為は、新民法252条の 2 第 4 項
本文により、共有者に対してその効力を生じない。例えば、共
有物を第三者に賃貸することを禁じる決定がされたにもかかわ
らず、共有物の管理者が、第三者との間で賃借期間を 5 年間と
する土地賃借権を設定する契約を締結したケースでは、その賃
借権は、共有者に対してその効力を生じない。もっとも、新民
法252条の 2 第 4 項ただし書により、共有者は、善意の第三者
に対し、共有物の管理者の行為が共有者に対してその効力を生
じないことを対抗することができないため、上記のケースで賃
借人が善意の第三者に当たる場合には賃借権が有効に設定され
る。善意とは、共有物の管理者の行為が管理に関する事項の決
定に反することを知らないことをいう。ここでいう善意の第三
者には無過失であることは要求されない。共有者による共有物
の管理に関する事項の決定は、管理者の基本的な権限を制限す
る共有者間内部の取決めであり、第三者の保護のために無過失
まで求めると、取引の安全を害することになるためである。

　なお、共有物の管理者が、新民法252条の 2 第 1 項に基づい
て、第三者との間で共有物に賃借権を有効に設定した場合に
は、共有物の使用に関し共有者全員に対して効力が生じ、共有
者は第三者の賃借権を否定して共有物の返還等を請求すること
ができなくなる。もっとも、誰を契約の当事者とするかに関し
ては、共有物の管理者は自己を賃貸人として契約を締結する権
限を有するにすぎず、共有者を賃貸人として契約を締結する権
限はないものと解される。共有物の管理者は、共有物そのもの
を管理する権限を有するが、契約上の義務の設定は、共有物そ

のものの管理を超えて、当事者間の合意の内容に応じて広範にわたり得るため、共有物の管理者がその設定した契約上の義務の全てを共有者に負わせる権限までは有しないと解されるからである。ただし、共有者の管理者が、別途、共有者の全部又は一部から、その共有者を当事者とする賃貸借契約等の契約を締結する権限（代理権）の付与を受けて、その権限に基づき、その共有者を当事者とする賃貸借契約等の契約を締結することは当然可能である。

⑺ 裁判による共有物の分割

　現行民法258条 2 項は、共有物の分割方法として、①共有物を共有持分割合に応じて物理的に分ける方法である現物分割と②共有物を競売により第三者に売却し、売却代金を共有持分割合に応じて共有者で分ける方法である競売分割のみを明示した上で、現物分割を基本的方法とし、競売分割を補充的方法と位置付けていた。

　これに対し、最高裁判所は平成 8 年10月31日に、③共有物を共有者のうちの一人が単独で所有したり数人で共有したりして、共有持分を取得する者から他の共有者に対して持分の価格を賠償させる方法である賠償分割をすることも許されると判断した。もっとも、賠償分割は、民法に明文の規定がないため、現物分割や競売分割との関係でどのように位置付けられるかが明らかでなく、分割方法の検討順序に関する当事者の予測可能性が確保されないという指摘もあった。

　そこで、新民法258条 2 項は、「共有物の現物を分割する方

法」（現物分割）と、「共有者に債務を負担させて、他の共有者の持分の全部又は一部を取得させる方法」（賠償分割）とを優劣をつけずに列挙して、同条3項では、これらの方法による分割ができないとき又はこれらの方法による分割によって共有物の価格を著しく減少させるおそれがあるとき、つまり、現物分割によって共有物の価格を著しく減少させるおそれがあり、賠償分割もできない場合に、競売分割を認めることとされている。

このほか、新民法258条4項には、裁判所が共有物分割の裁判で当事者に対して、金銭の支払、物の引渡し、登記義務の履行その他の給付を命ずることができることを明確化する規律が設けられている。そして、共有不動産を賠償分割の裁判により取得した者が、この規律に基づいて自己への持分の移転の登記手続を命ずる旨の確定判決を得た場合には、不登法63条1項に基づいて単独で登記申請をすることができるものと考えられる。

⑻ 所在不明共有者の不動産の持分の取得と譲渡

a 所在不明共有者の不動産の持分の取得

共有者の一部を特定できなかったり、共有者の一部が所在不明であるために、共有物である不動産の利用が阻害されている場合、共有関係の全部か一部を解消することが重要になる。共有者の一部が所在不明のケースでは、共有物分割訴訟で共有関係を解消することが考えられるが、全ての共有者を当事者として訴えを提起しなければならないので手続負担は大きい。所在

不明の共有者について民法25条の不在者財産管理人を選任し、不在者財産管理人との間で共有物分割協議をすることも考えられるが、選任を求めた他の共有者が不在者財産管理人の報酬を事実上負担しなければならないケースもある。さらに、共有者を特定できないと、そもそも共有物分割訴訟を提起したり、不在者財産管理制度を利用したりすることも困難になる。

　新民法262条の2では、不動産の共有関係を円滑に解消するために、申立人である共有者を当事者とし、所在不明共有者を名宛人として、それ以外の共有者は当事者とも名宛人ともしない裁判により、所在不明共有者の不動産の持分を他の共有者が取得できることとされている。同条4項により、申立人である共有者が所在不明共有者の持分を取得すると、所在不明共有者は、その持分に代えて、持分の時価相当額の支払請求権を取得する。

　ただし、所在不明共有者の持分について、共有物分割訴訟や遺産分割請求などの分割請求事件が係属していて、その中で、所在不明共有者の持分も含めて全体について適切な分割を実現することを希望している共有者がいるケースでは、その分割請求事件で共有者全員の関与の下で適切な分割をすべきであり、それとは別に、所在不明共有者の持分のみを共有者の一人が取得する手続を先行させるべきではない。

　そこで、新民法262条の2第2項では、①所在不明共有者の持分の取得の裁判の請求があった所在不明共有者の持分に係る不動産について民法258条1項の規定による裁判による共有物分割の請求又は遺産の分割の請求があり、かつ、②所在不明共

有者以外の共有者が所在不明共有者の持分の取得の裁判の請求
を受けた裁判所にその裁判をすることについて異議がある旨の
届出をしたときは、裁判所は、所在不明共有者の持分の取得の
裁判をすることはできないとされている。②の異議の届出は、
新非訟法87条 2 項 3 号により、裁判所が定め、公告をした一定
の期間（ 3 か月を下ってはならない）内にしなければならない。
期間経過後にされた異議の届出は、同条 4 項により却下され、
異議の届出としての効力を有しない。

　所在不明共有者の持分取得の裁判が効力を生じると、所在不
明共有者の不動産持分は、請求をした共有者に移転する。この
持分移転の法的性格は、承継取得である。この持分の取得を第
三者に対抗するためには、持分を取得した共有者が、持分移転
の登記をする必要がある。

　なお、同一の所在不明共有者の持分につき所在不明共有者の
持分の取得の裁判の請求をした共有者が二人以上いる場合、所
在不明共有者の持分取得の裁判で、請求をした各共有者に、所
在不明共有者の持分をそれぞれ取得させることになる。この場
合に、請求をした各共有者が取得する持分は、新民法262条の
2 第 1 項後段により、所在不明共有者の持分を、請求をした各
共有者の持分の割合で按分したものである。二人以上の請求者
が所在不明共有者の持分を取得した場合、同条 4 項により、所
在不明共有者は、各請求者に対し、各請求者が取得した持分の
時価相当額の支払請求権を取得する。

　b　所在不明共有者の不動産の持分の譲渡

　改正法では、さらに、所在不明共有者の持分を申立人である

共有者が取得するプロセスを経ずに、所在不明共有者以外の共有者が所在不明共有者の持分を含む不動産全体を直接第三者に譲渡し、共有関係を解消することもできる。新民法262条の3では、裁判所は、共有者の請求により、所在不明共有者以外の共有者の全員が特定の者に対してその有する不動産の持分の全部を譲渡することを停止条件として、所在不明共有者の不動産の持分を特定の者に譲渡する権限を請求者に付与する旨の裁判をすることができるとしている。

不動産全体が譲渡され、持分を喪失した所在不明共有者は、新民法262条の3第3項により、その持分に代えて、不動産全体の時価相当額を所在不明共有者の持分に応じて按分して得た額の支払請求権を取得する。なお、第三者への譲渡は、他の共有者が自己の持分を特定の者に譲渡することに同意しなければ、停止条件が成就せず、譲渡権限の付与の効力は生じない。

なお、法律関係の安定を図るため、所在不明共有者の持分を譲渡する権限を付与する裁判は、その裁判の効力が生じた後2か月以内に、その裁判により付与された権限に基づく所在不明共有者の持分の譲渡の効力が生じないときは、効力を失う。ただし、新非訟法88条3項により、裁判所はこの期間を伸長することができる。

c　その他の要件・手続の概要

所在不明共有者の不動産持分の取得や譲渡の裁判をするためには、「共有者が他の共有者を知ることができず、又はその所在を知ることができない」ことが必要である。

所在不明共有者の不動産持分の取得や譲渡の裁判手続は、非

訟事件手続であり、新非訟法87条と88条により、不動産所在地を管轄する地方裁判所を管轄裁判所として、裁判をするには①公告の実施や 3 か月以上の異議届出期間の経過、②裁判所の供託命令に従って金銭の供託をすることが必要となることなどの定めが置かれている。

　なお、所在不明共有者の不動産の持分の取得・譲渡の仕組みは、新民法262条の 2 第 5 項と262条の 3 第 4 項により、共有不動産のほか、共有に属する不動産の使用・収益権に限って利用することができる。

4　財産管理制度の見直し

⑴　あらまし

　現行民法では、所有者不明状態にある土地や建物の管理が非効率になり、管理不全状態にある土地や建物の管理に関する仕組みがなかったので、土地と建物を適正に管理するために、以下のような新たな財産管理制度ができ、既存の財産管理制度についても改正された。

①　所有者が分からない、又は所有者の所在が分からない土地や建物について、その管理に特化した管理人による管理を可能とする所有者不明土地・建物管理制度の創設

②　所有者による管理が不適当で管理不全状態にある土地や建物について、管理人による管理を可能とする管理不全土地・建物管理制度の創設

③　相続財産の保存に必要な処分に関する規定の整備をはじめ
　　とする既存の財産管理制度の合理化

⑵　所有者不明土地・建物の管理制度

a　改正の理由

　　所有者が不特定か所在不明である土地や建物は、所有者自身
による適切な管理を期待できないので、社会経済上の不利益を
生じさせることが少なくない。

　　所有者不明状態となっている土地や建物を管理するために、
民法25条1項の不在者財産管理制度や、相続人がどこにいるか
分からない場合の同法952条1項の相続財産管理制度、会社や
法人の場合には、会社法478条2項と一般社団法人及び一般財
団法人に関する法律209条2項の清算会社・法人の清算人制度
が利用されてきた。しかし、これらの制度は、問題となってい
る土地や建物だけでなく、不在者の他の財産や他の相続財産全
般を管理することになるので、必要な予納金の額がより高額に
なり、費用対効果に乏しいと指摘されていた。また、そもそ
も、所有者が不特定であるときは、これらの制度を利用するこ
とができないという問題もあった。

　　新民法264条の2と264条の8により、所有者不明土地と建物
を適切に管理するため、所有者が分からなかったり、所有者の
所在を知ることができない土地や建物について、必要があると
認めるときは、裁判所が、利害関係人の請求により、管理人に
よる管理を命ずる処分をすることができる所有者不明土地管理
制度と所有者不明建物管理制度が創設された。

　これらの制度により、個々の土地や建物に特化して管理を行うことができるので、その他の財産の管理を継続する事態もなく、申立人はその他の財産の管理のための予納金を納める必要がない。また、複数の共有者が所在等不明となっているときは、管理命令は、不明共有持分の総体について発令され、その総体について一人の管理人を選任することが可能になるため、不必要なコストを回避することができる。さらに、所有者が全く特定できないケースでも、管理人を選任して土地・建物を管理することが可能となる。

b　所有者不明土地管理制度

(a)　発令の要件・申立権者

　所有者不明土地管理命令の要件は、①所有者を知ることができず、又はその所在を知ることができない土地（土地が数人の共有に属する場合にあっては、共有者を知ることができず、又はその所在を知ることができない土地の共有持分）であることと、②必要があると認められることである。

① 「所有者を知ることができず、又はその所在を知ることができない土地」とは、必要な調査を尽くしても、所有者の特定ができない土地又は所有者の所在が不明な土地を意味している。最終的には個別の事案に応じて裁判所で判断されるが、例えば、自然人が登記名義人である土地では、不動産登記簿や住民票上の住所を調査してもその自然人の所在が明らかでないケースや、法人が登記名義人である土地について、法人登記簿上の主たる事務所と代表者の法人登記簿や住民票上の住所等を調査してもその法人の事務所と代表者の所在が

明らかでないケースは、「所有者を知ることができず、又は
その所在を知ることができない土地」に当たると考えられ
る。

② 所有者不明土地管理命令を発令する必要があると認められ
るのは、土地の管理状況に照らし、所有者不明土地管理人に
よる管理を命ずることが必要かつ相当であるときである。例
えば、所有者不明土地を誰も管理していないときは、所有者
不明土地管理命令を発する必要があると考えられる。所有者
不明土地管理命令の申立人が、裁判所から、土地の管理のた
めに必要となる予納金の納付を求められたにもかかわらず、
これに応じず、管理費用等を支出するのが困難であることが
見込まれる場合には、所有者不明土地管理命令を発したとし
ても、直ちにその取消しがされることになるから、命令を発
することが必要かつ相当とはいえないと考えられる。

所有者不明土地管理命令の申立権者は「利害関係人」にな
る。どのような者が利害関係人に当たるかは、所有者不明土地
管理命令の制度趣旨に照らして裁判所で判断される。例えば、
所有者不明土地が適切に管理されないために不利益を被るおそ
れがある隣接地所有者や土地の共有者の一部が不特定か所在不
明の場合の他の共有者、所有者不明土地を取得してより適切な
管理をしようとする公共事業の実施者は、利害関係人に当た
る。民間の購入希望者も、その購入計画に具体性があり、土地
の利用に利害があるケースなどでは、利害関係人と認められ得
る。そのほか、土地所有権の移転登記を求める権利を有する者
も、利害関係人となり得る。

　所有者不明土地の利用の円滑化等に関する特別措置法38条も改正され、国の行政機関の長又は地方公共団体の長は、同法にいう所有者不明土地（相当な努力が払われたと認められるものとして政令で定める方法により探索を行ってもなおその所有者の全部又は一部を確知することができない一筆の土地）について、適切な管理のため特に必要があると認められる場合、利害関係人に当たるかどうかを問わず、所有者不明土地管理命令の請求をすることができる。

(b)　所有者不明土地管理人の権限と義務

①　所有者不明土地管理人として選任される者

　所有者不明土地管理人は、他人の土地を適切に管理することを職務とするものであり、その職務内容に照らしてふさわしい者が選任されることになる。どのような者を所有者不明土地管理人として選任するかは、管理人が行う具体的な職務内容を勘案して裁判所が判断する。例えば、売却代金額の相当性の判断を要するものや、数人の者の共有持分を対象として管理命令が発せられ、誠実公平義務の履行を確保すべきものなど、処分の是非に専門的な判断が必要なケースでは、弁護士や司法書士を選任することが考えられる。また、境界の確認等が必要となるケースでは、土地家屋調査士を選任することが考えられる。

②　所有者不明土地管理人の権限と義務

　所有者不明土地管理人の管理処分権の対象となるのは、命令の対象とされた土地、その土地にある動産で土地所有者が所有する動産、これらの管理処分により所有者不明土地管理人が得た売却代金などの財産である。これらの財産の管理処分権は管

理人に専属することとされているが、保存行為や利用改良行為を超える行為、例えば土地の譲渡などでは、新民法264条の3により、裁判所の許可を得なければならない。裁判所の許可は、所有者不明土地の適切な管理を実現し、円滑で適正な利用を図るという所有者不明土地管理制度の趣旨に照らして判断される。例えば、所有者不明土地管理人が土地を売却するケースでは、売却が適正な土地の管理の観点から相当か、所有者の帰来可能性・出現可能性を踏まえ、売却によって所有者の利益を害することにならないか、売却代金は相当かなどを踏まえて、売却の許否が判断される。また、所有者不明土地の処分に関する裁判所の許可が適切にされるためには、所有者不明土地管理人としては、土地の賃借人の有無などの利用状況、売買の相手方の資力や反社会的勢力に属していないかなどの属性や売却後の土地用途についても慎重に調査することが必要となる。

　また、所有者不明土地に関する訴えは、所有者不明土地管理人を原告か被告とする。例えば、土地上に第三者の所有する動産がある場合、土地所有者の所有権に基づき、第三者に対して、妨害排除請求として動産の撤去を求めるケースなどでは、新民法264条の4により、所有者不明土地管理人が原告となって訴えを提起することができる。

　管理人は、新民法264条の5と264条の7により、所有者不明土地の所有者のために善管注意義務を負い、対象となる土地から裁判所の定める額の費用と報酬を受ける。なお、対象土地の売却代金などから費用を受けることができない場合、申立人が裁判所に納付した予納金から費用の支払を受けることになると

思われる。

　土地が共有である場合、共有者の一部が不特定や所在不明な
ときは、共有持分について所有者不明土地管理命令が発せら
れ、管理人が選任される。この場合に管理人の管理処分権の対
象は、命令の対象とされた土地の共有持分、その土地上の動
産、これらの管理処分により管理人が得た売却代金などの財産
であるが、複数の共有者が不特定・所在不明である場合、選任
された一人の管理人がその共有持分等をまとめて管理すること
が許される。数人の者の共有持分を対象として管理命令が発せ
られたときは、新民法264条の 5 第 2 項により、管理人は共有
持分の共有者全員のために誠実かつ公平にその権限を行使しな
ければならない。

c　所有者不明建物管理制度

　新民法264条の 8 では、所有者を知ることができず、又は所
有者の所在を知ることができない建物について、必要があると
認めるとき、裁判所は、利害関係人の請求で、所有者不明建物
管理人による管理を命ずる処分をすることができる所有者不明
建物管理制度を創設している。所有者不明土地管理制度と同じ
趣旨の制度だが、所有者不明建物管理人の権限は、建物や動産
のほか、建物所有者が有する建物の敷地に関する権利にも及
ぶ。なお、所在不明な区分所有者（マンション所有者）の取扱
いには、建物の区分所有等に関する法律（区分所有法）特有の
検討が必須なので、別途検討することとされ、所有者不明建物
管理命令の規律は、改正後の区分所有法 6 条 4 項により、専有
部分と共用部分には適用されない。

所有者不明建物管理人は、所有者不明建物を適切に管理することが職務なので、所有者不明建物管理人が自ら建物を取り壊して管理対象を滅失させることは許されない。もっとも、建物の存立を前提としてその適切な管理を続けるのが困難なケースで、建物を取り壊すことが必要かつ相当と認められる場合、管理人が、建物の取壊しという処分について、裁判所の許可を得た上で、建物を取り壊すことも可能と考えられる。

d　手　続

　この裁判手続は非訟事件手続で、新非訟法90条では、土地や建物の所在地を管轄する地方裁判所が管轄裁判所であることや、管理命令をするには公告の実施や１か月以上の異議届出期間の経過が必要となること、土地や建物を売却して得た金銭など管理人が管理すべき全ての財産を供託した場合には管理命令が取り消されることなどの規定が置かれている。

⑶　管理不全土地・建物の管理制度

a　概　要

　土地が所有者によって適切に管理されず、荒廃して管理不全状態になると、近隣に危険を生じさせ、悪影響を与えることがある。このような土地は、所有者の所在が判明している場合でも発生し得る。

　現行法では、このようなケースでは、物権的請求権や不法行為に基づく損害賠償請求権といった権利を行使することで対応してきた。もっとも、所有者に代わる管理人を選任し、土地を管理させる仕組みはなかったので、管理不全状態の土地を継続

的に管理することができず、土地の状態に応じた適切な管理を行うことが困難になるという問題があった。

　新民法264条の9から13では、管理不全な土地を適切に管理するため、所有者による土地の管理が不適当で他人の権利や法律上保護される利益が侵害され、またはそのおそれがある場合、裁判所が、利害関係人の請求により、土地を対象として、管理不全土地管理人による管理を命ずる処分をすることを可能とする管理不全土地管理制度が創設された。

　なお、令和4年4月27日に「所有者不明土地の利用の円滑化等に関する特別措置法の一部を改正する法律」が成立し、災害発生の防止に向けて管理を適正化するため、改正後の所有者不明土地の利用の円滑化等に関する特別措置法42条3項と4項により、市町村長は、①管理不全所有者不明土地における土砂の流出又は崩壊その他の事象によりその周辺の土地において災害を発生させること、②管理不全所有者不明土地の周辺の地域において環境を著しく悪化させることを防止するために特に必要があると認めるときは、管理不全土地管理命令の請求をすることができるとされた。

　b　要件等

　管理不全土地管理命令の要件は、①所有者による土地の管理が不適当であることによって他人の権利又は法律上保護される利益が侵害されるか侵害されるおそれがあること、②管理の必要があると認められることである。

① 「所有者による土地の管理が不適当であること」には、所有者による管理が全くされていないケースだけではなく、管

理はされているが適切ではないケースも含まれる。例えば、土地に設置された擁壁にひび割れ・破損が生じているが、土地の所有者が放置していて、隣地に倒壊するおそれがあるケースや、土地にゴミが不法投棄されていて、土地所有者が放置し、臭気や害虫の発生による健康への被害が生じているケースも含まれる。

② 管理不全土地管理命令を発令する必要があると認められるのは、土地の管理状況から、管理不全土地管理人による管理を命ずることが必要で相当なときである。例えば、擁壁が隣地に倒壊するおそれがあるケースで修繕を行うべき場合や、不法投棄による健康被害を生じているケースでゴミの除去を行うべき場合には要件を満たすと考えられる。これに対して、管理不全土地管理人を選任したとしても、実効的な管理をすることが困難であると見込まれるケースでは、管理命令を発することが必要で相当とは認められず、申立てが却下されると考えられる。例えば、土地に所有者が居住しており、管理不全土地管理人による管理行為を妨害することが予想されるケースでは、実効的な管理が困難であるため、管理不全土地管理命令ではなく、物権的請求権の行使等の訴訟で対応するのが適切と考えられる。管理不全土地管理命令の申立人が、裁判所から、土地の管理のために必要となる予納金の納付を求められたにもかかわらず、これに応じず、管理費用を支出するのが困難であることが見込まれる場合には、管理不全土地管理命令を発することが必要かつ相当とはいえないと考えられる。

　管理不全土地管理命令の申立権者は「利害関係人」である。例えば、擁壁が隣地に倒壊するおそれがあるケースでの隣地の所有者や、不法投棄による健康被害が生じているケースで被害を受けている者は、利害関係人に当たると考えられる。

c　権限・義務等

　管理不全土地管理人は、新民法264条の10第 1 項により、対象となる土地とその土地にある動産（土地所有者が所有する動産に限る）の管理処分権を有する。所有者不明土地管理人が選任された場合とは異なり、管理処分権を管理人に専属することとはされておらず、土地所有者は管理処分権を失わないし、管理不全土地に関する訴えについては、所有者自身が原告や被告となる。なお、土地の管理が不適当であるかどうかは、基本的には土地そのものの状態に照らして判断されるため、管理不全土地管理命令は、所有者不明土地管理命令とは異なり、共有持分を単位として発令されることはない。

　管理不全土地管理人が土地の保存行為や利用改良行為を超える行為、例えば土地の譲渡では、裁判所の許可を得なければならないが、所有者不明土地管理人の場合と異なり、対象とされた土地の処分についての許可には、新民法264条の10第 2 項と第 3 項により、所有者の同意を必要とする。

　管理人は、新民法264条の11と264条の13により、管理不全土地の所有者のために善管注意義務を負い、対象となる土地等から裁判所の定める額の費用と報酬を受ける。なお、対象となる土地の売却代金などから費用等を受けることができない場合には、申立人が裁判所に納付した予納金から費用の支払を受ける

ことになると思われる。

どのような者を管理不全土地管理人として選任するかは、裁判所が判断することになる。管理不全状態にある土地を適切に管理するのに法的判断が必要となるケースでは、例えば、第三者との間で土地の工事の請負契約を締結する必要があるものや、管理行為を行うにつき土地所有者との調整が必要となるものなどでは、弁護士や司法書士を選任することが考えられる。

d 管理不全建物管理制度

新民法264条の14では、所有者による建物の管理が不適当であることによって他人の権利又は法律上保護される利益が侵害され、又はそのおそれがある場合において、必要があると認めるときは、裁判所が、利害関係人の請求により、当該建物を対象として、管理不全建物管理人による管理を命ずる処分をすることを可能とする管理不全建物管理制度が創設された。管理不全建物管理人の権限は、対象となる建物や動産のほかに、建物所有者が有する建物の敷地に関する権利にも及ぶ。管理不全建物管理人による建物の取壊しは、処分行為に当たり、裁判所の許可が必要となるが、新民法264条の14第４項が準用する264条の10第３項により、裁判所が許可をするには、建物の所有者の同意を要する。区分所有建物（マンション）の管理不全化への対応については、区分所有法特有の観点からの検討が必須となることから別途検討することとされ、管理不全建物管理命令の規律については、改正後の区分所有法６条４項により、専有部分と共用部分には適用しない。

e 手　　続

これらの裁判手続は非訟事件手続であり、新非訟法91条では、土地と建物の所在地を管轄する地方裁判所が管轄裁判所であることや、管理命令等の裁判をするには所有者の陳述を聴かなければならないこと、土地などを売却して得た金銭など管理人が管理すべき全ての財産を供託した場合には管理命令が取り消されることなどの所要の手続が定められている。

⑷　相続財産の保存のための相続財産管理制度の見直し

現行法では、相続の段階ごとに、相続財産管理人の選任その他の相続財産の保存に必要な処分を命ずる相続財産管理制度が設けられているが、遺産分割前に複数の相続人が遺産を共有しているケースの規定はなかった。また、相続人がいるかどうか分からないケースでは、民法952条以下に相続債務の弁済など相続財産の清算をする仕組みはあるが、相続財産の保存のみを目的とする財産管理制度はなかった。

新民法897条の 2 では、相続の段階にかかわらず、いつでも、家庭裁判所は、相続財産の保存に必要な処分をすることができるとの包括的な規定が設けられた。これにより、これまで規定がなかったケースでも、相続財産の保存に必要な処分が可能になり、相続の段階が異なるものとなった場合にも相続財産の保存に必要な処分を継続的に実施することが可能になった。

また、適時にその職務を終了することを可能とするために、相続財産管理人は、相続財産の処分で金銭が生じたときは、新家事法190条の 2 第 2 項が準用する146条の 2 第 1 項により、相

続財産管理人を選任した裁判所の所在地を管轄する家庭裁判所の管轄区域内の供託所に供託することができる。

新民法897条の2の相続財産の保存のための相続財産管理制度は、現行民法の相続財産保存のための相続財産管理制度を基礎として、これまで規定がなかったケースにその適用場面を拡張するもので、①施行日前に現行民法918条2項に基づき相続財産の保存に必要な処分がされていたケースや、②施行日前に現行民法918条2項による請求がされ、相続財産の保存に関する処分の審判事件が係属しているケースについては、施行日以後は、新民法897条の2で処理することが相当である。そこで、改正法附則2条に必要な経過措置が設けられ、このような処理が可能とされている。

⑸　相続の放棄をした者による相続財産の管理

現行民法940条1項には、相続放棄した者の相続財産の管理継続義務についての規定があるが、管理継続義務を負う要件や義務の内容が必ずしも明らかでなく、実際の適用場面で疑問が生じ、時には相続放棄をした者が過剰な負担を強いられているといった指摘があった。

相続放棄しているのに、相続放棄した者に相続財産の管理責任を負わせるのは相当ではないが、実際に相続財産を現に占有しその財産を管理すべき立場にあったのであれば、相続人や相続財産の清算人に財産を引き継ぐまでは、引き続き、最低限の役割は果たすべきである。

新民法940条1項では、相続放棄した者は、その放棄の時に

相続財産に属する財産を現に占有しているときは、相続人に対して財産を引き渡すまでの間、自己の財産におけるのと同一の注意をもって、その財産を保存しなければならないことが明記され、義務の発生要件や内容などが明らかにされている。

　これにより、①相続放棄した者が同項の義務を負うのは、放棄の申述時に相続財産に属する財産を「現に占有している」場合に限られ、被相続人の占有を観念的にのみ承継している場合には、同項の義務を負わないこと、②同項の義務の内容は、現に占有している財産の保存にとどまり、それを超えた管理義務を負うわけではないこと、③同項の義務は、相続人に対して財産を引き渡すことによって終了することが明確にされた。

⑹　相続人のあることが明らかでない場合の相続財産の清算手続の見直し

　現行民法952条と957条 2 項と958条では、相続人のあることが明らかでない場合の相続財産の清算手続を終えるには、①相続財産管理人の選任公告後 2 か月が経過した後に、②相続債権者らに対する請求申出の公告を行い、そこで定められた期間（ 2 か月以上）が経過し、さらに、③相続人の捜索の公告を行い、そこで定められた期間（ 6 か月以上）が経過することを求めていた。したがって、選任公告から清算手続の終了までに最低でも10か月を要していた。

　新民法952条 2 項と957条等では、これを合理化し、選任公告（前記①相当）と 6 か月以上の期間を定める相続人の捜索公告（前記③相当）とを一つの公告で行い、相続人の捜索期間中に

図1

[現行法]

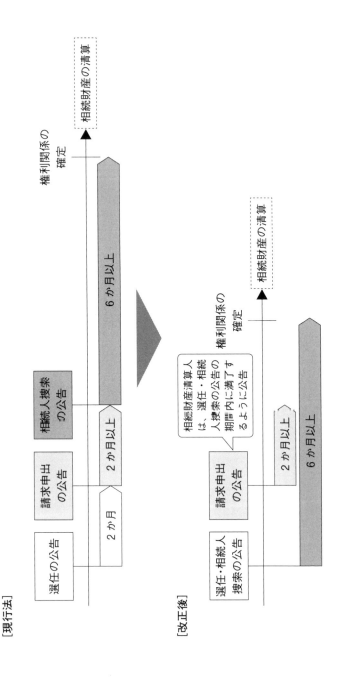

[改正後]

76

相続債権者らに対する請求申出の公告（前記②相当）を行うことにより、その期間内に請求申出の期間を満了させることが可能になり、その結果、選任公告から清算手続の終了までに最低限必要な期間が【図1】のように6か月に短縮されている。

　なお、新民法952条では、相続財産の保存のために選任される相続財産管理人との区別を明らかにするため、清算手続を行う者の名称が、「相続財産の管理人」から「相続財産の清算人」に変更されている。

　改正法附則にも経過措置が設けられ、施行日前に現行民法952条1項の規定により相続財産管理人が選任された場合の公告等は、従前の例によることとされている（附則4条4項・5項、7条2項）。したがって、相続財産の清算における公告等に関して、現行民法が適用されるか、新民法が適用されるかについては、現行民法952条1項による相続財産管理人（新民法952条1項による相続財産清算人）が選任された時期が施行日前であるか、施行日以後であるかを基準として区別される。

5　相続制度等の見直し

⑴　概　　要

　現行法の下では、いつまでに遺産分割しなければならないかという期限を定める規律がなく、土地等の相続財産が多数の相続人による共有状態になったまま長期間放置される事態を防止することができなかった。これに対応するために、相続開始時

から10年を経過した後は、具体的相続分による分割の利益を消滅させ、画一的な法定相続分により簡明に遺産分割を行う仕組みを創設するなどの相続に関する規定の見直しがされている。

　また、「共有の見直し」に伴い、相続（遺産共有）財産への共有に関する規定の適用関係を整理するとともに、遺産共有の特殊性に鑑みて、通常共有の規律とは異なる規律が設けられた。

⑵　長期間経過後の遺産分割の見直し

　相続人が数人ある場合の遺産分割前の遺産（相続財産）は、遺産共有と呼ばれる相続人の共有に属し、新民法898条により、相続人は、遺産に属する土地等の財産の共有持分を有する。この共有関係の解消は、民法906条以下の遺産分割の方法により、法定相続分か指定相続分を基礎として、民法903条と904条の相続人が被相続人から受けた生前贈与等の特別受益の額や、民法904条の2の被相続人に対して行った介護等の貢献を考慮して定められる相続人の寄与分を加味して算出される具体的相続分に応じて実施される。

　遺産共有の状態にある土地等の財産の利用を促進し、適切な管理を図るためには、早期に円滑な遺産分割を実施して、遺産共有関係をできるだけ解消することが重要であるが、現行法には、具体的相続分による遺産分割を求めることができる期間に特段の制限がなかった。

　そのため、遺産分割をしないまま相続開始から長期間が経過しても、相続人は、特段の不利益を負うことはなく、いつまで

も具体的相続分による遺産分割を求めることができた。

　また、相続開始後長期間を経て相続人が具体的相続分による分割を求める場合、生前贈与や寄与分に関する証拠が散逸し、関係者の記憶も薄れ、具体的相続分により遺産分割を実施することが困難になるといった事態が生じていた。

　新民法904条の 3 では、相続開始の時から10年を経過した遺産分割は、基本的に、具体的相続分ではなく、法定相続分か指定相続分によりすることとされ、具体的相続分による分割を求める相続人に早期の遺産分割請求を促し、期間経過後は、具体的相続分の算定を不要として、円滑な分割を可能としている。

　ただし、①相続開始の時から10年を経過する前に、相続人が家庭裁判所に遺産分割の請求（申立て）をしたとき、②相続開始の時から始まる10年の期間の満了前 6 か月以内の間に、遺産分割の請求をすることができないやむを得ない事由が相続人にあった場合において、その事由が消滅した時から 6 か月を経過する前に、当該相続人が家庭裁判所に遺産の分割の請求をしたときは、新民法904条の 3 第 2 号により、相続開始の時から10年が経過した後も、具体的相続分による分割を求めることができる。

　①では、相続人のいずれかが適法に遺産分割の請求をしていれば、その請求をしていない相続人を含む相続人全員との関係で、具体的相続分により遺産の分割がされる。

　他方で、遺産分割の請求が有効に取り下げられた場合、家事法82条 5 項が準用する民訴法262条 1 項により、その請求の効果は生じなかったものと扱われる。そのため、相続開始時から

10年を経過する前に遺産分割の請求がされたが、10年を経過した後にその請求が取り下げられると、相手方である相続人は、具体的相続分による遺産分割を受けることができなくなり、不当に不利益を被るおそれがあることから、新家事法199条2項と273条2項により、相続開始時から10年を経過した後に遺産分割の請求（審判・調停の申立て）の取下げをするためは、相手方の同意を得なければならないとされている。

②の「遺産の分割を請求することができないやむを得ない事由」の有無は、個々の相続人ごとに判断される。やむを得ない事由は、相続人が相続開始の事実を知らなかったといった単なる主観的事情で直ちに認められるものではなく、相続人が遺産分割の請求をすることを期待することがおよそできない客観的な事情がある必要がある。例えば、被相続人が長らく生死不明であったが、遺体が発見され、10年以上前に遭難して死亡したことが判明したなど、被相続人の死亡の事実をおよそ知ることができないケースや，相続人が精神上の障害により事理を弁識する能力を欠く状況にあるが、成年後見人が選任されていないケース、遺産分割の禁止の特約や審判があるケース、相続開始後10年が経過してから有効に相続の放棄がされて相続人となった者があるケースなどでは、やむを得ない事由があると考えられる。

また、現行法にも明文の規定はないが、相続人は、協議によって、具体的相続分と異なる割合で遺産分割をすることは当然に可能と解されている。これと同様に、改正法の下でも、相続開始の時から10年を経過した後に、法定相続分か指定相続分

図2

(A) 施行時に相続開始から既に10年が経過しているケース…施行時から5年の経過時が基準

(B) 相続開始時から10年を経過する時が施行時から5年を経過する時よりも前に来るケース…施行時から5年の経過時が基準

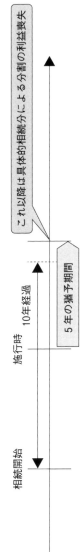

(C) 相続開始から10年を経過する時が施行時から5年を経過する時よりも後に来るケース…相続開始時から10年の経過時が基準

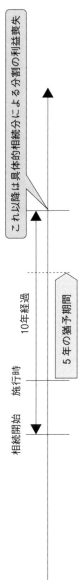

81

で分割をした方が有利である者が、その利益を放棄して、具体的相続分による遺産分割協議をすることは可能である。また、遺産分割は相続人間の合意によってすることができる性質のものであるから、相続開始後10年が経過した後に、相続人間で具体的相続分による遺産分割を実施するとの合意をした場合には、裁判所はその合意に沿って遺産分割をすることになるものと解される。

なお、併せて、遺産分割の禁止の規律について、新民法908条で、その期間の終期は相続開始時から10年を超えることができないとするなどの整備がされている。

改正法附則3条では、経過措置が設けられ、長期間経過後の遺産分割の見直しの規定については、その施行日前に相続が開始した遺産の分割にも適用することとした上で、相続人に不測の損害が生ずることがないよう、少なくとも施行日から5年間は、具体的相続分による遺産分割を求めることができることとして、猶予期間が設けられている（【図2】参照）。

⑶ 遺産共有とそれ以外の共有が併存している場合の分割方法の特則

現行法では、遺産共有の状態にある共有持分とそれ以外の共有持分とが併存している場合、例えば、ある財産をAとBとが共同で購入して共有していたが、Bが死亡して、CとDがその持分を相続したケースの共有関係を裁判で解消するには、遺産共有関係の解消を家庭裁判所の「遺産分割の方法」によりしなければならず、それ以外の共有持分を有する者との共有関係、

つまり先の事例では、ＡとＣやＤとの間の関係の解消は地方裁判所の「共有物分割の方法」によりしなければならなかった。

　新民法258条の 2 第 2 項と第 3 項では、相続開始の時から10年を経過するまでは相続人は具体的相続分による遺産分割を求める利益があるので、遺産分割の機会を保障しつつ、一元的な処理を可能とするため、遺産共有の状態にある共有持分とそれ以外の共有持分とが併存している場合であっても、相続開始の時から10年を経過しているときには、地方裁判所での共有物分割の手続で一元的に共有関係を解消することができる仕組みを創設した。なお、当該共有物の持分について、遺産分割の請求があった場合において、相続人が、裁判所から共有物分割請求があった旨の通知〔具体的には、訴状の送達〕を受けた日から 2 か月以内に異議の申出をすると、現行法と同様の処理となり、遺産共有関係の解消を家庭裁判所の「遺産分割の方法」により、それ以外の共有持分を有する者との共有関係の解消は地方裁判所の「共有物分割の方法」によりしなければならない。

　要件が満たされている場合には、裁判による共有物分割で、遺産共有持分とそれ以外の共有持分を区別することなく共有関係の解消を命ずる判決をすることが可能になった。また、共有物分割は、各共有者の共有持分に応じてすることとなるが、個々の相続人の共有持分は、新民法898条 2 項により、法定相続分で、相続分の指定がある場合には指定相続分により定まることになる。

　例えば、Ａ及びＢが各 2 分の 1 の持分を有していたが、その後にＢが死亡し、ＣとＤが法定相続分は各 2 分の 1 で相続した

場合、Bの死亡から10年が経過して、一個の共有物分割の手続で、CとD間の遺産共有関係も含めて共有関係を解消するときは、Aが2分の1の持分を、CとDが各4分の1の持分を有することを前提に分割することになる。

⑷　長期間経過後の不明相続人の不動産の持分の取得・譲渡

不動産を共同相続し、遺産共有している相続人の中に、不特定や所在不明の者がいる場合、不動産の共有関係を解消することが困難になる。

新民法262条の2第3項と262条の3第2項では、遺産共有にも民法249条以下の共有に関する規定が適用されることや、相続開始の時から10年が経過した後は、相続人は具体的相続分による遺産分割を求める利益を失うので、遺産分割の機会を保障しつつも、不明相続人との間の遺産共有関係を円滑に解消する途を開くため、相続開始の時から10年を経過していることを要件として、不明相続人の遺産共有持分についても所在不明共有者の持分の取得と譲渡の仕組みを利用することができるとされた。

⑸　相続財産と共有に関する規定

遺産共有にも民法249条以下の共有に関する規定が適用されるが、新民法898条2項により、相続財産について共有に関する規定を適用するときは、法定相続分や相続分の指定がある場合の指定相続分により算定した相続分をもって各相続人の共有持分とすることが明確化されている。

6 施行期日

　改正法のうち民法の改正に関する部分については、公布の日である令和 3 （2021）年 4 月28日から起算して 2 年を超えない範囲内の政令で定める日から施行することとされる。令和 3 （2021）年12月14日に、改正法の施行期日を定める政令が制定され、民法の改正規定については令和 5 （2023）年 4 月 1 日に施行される。

第 3 章

不動産登記法の改正

1 改正のあらまし

　令和 3 年の不登法改正では、所有者不明土地が発生しないよう、これまで任意だった相続登記や住所変更登記の申請を義務付け、申請義務の実効性を確保するための環境整備策を導入した。また、所有者が不明なことによる弊害は土地だけでなく建物についても指摘がされているので、建物にも同様の方策が導入されている。

　相続登記での改正のあらましは以下のとおりである。

① 不動産を相続した相続人に相続登記の申請を義務付け、申請の負担を軽減するように、環境整備策も導入された。

② 相続登記の申請義務を簡易に履行することができるように、新不登法76条の 3 により、相続人申告登記という新たな登記が導入された。

③ 相続人が被相続人名義の不動産を把握しやすくして、相続登記の申請に当たっての当事者の手続的負担を軽減し登記漏れを防止するために、新不登法119条の 2 により、被相続人が所有権の登記名義人として記録されている不動産を一覧的にリスト化して証明する所有不動産記録証明制度を新設した。

　住所の変更登記での改正のあらましは以下のとおりである。

④ 不動産の所有権の登記名義人に対して住所等の変更の登記の申請が義務付けられた。

⑤ 申請の負担を軽減するため、新不登法76条の 6 により、登

記官が他の公的機関から取得した住所の変更情報に基づいて職権的に変更登記をする仕組みも導入された。

不動産登記の公示機能をより高めるための改正のあらましは以下のとおりである。

⑥　新不登法76条の 4 により、死亡した所有権の登記名義人についての符号の表示の制度が新設された。

⑦　新不登法63条 3 項と69条の 2 と70条と70条の 2 により、形骸化したまま残存する登記の抹消手続などの登記手続が簡略化された。

⑧　新不登法73条の 2 第 1 項 1 号と 2 号により、会社法人等番号の登記と国内に住所を有しない所有権の登記名義人の国内連絡先の登記が新設された。

⑨　新不登法121条により、登記簿の附属書類の閲覧の要件が見直された。

⑩　新不登法119条 6 項により、DV被害者を保護するため登記事項証明書での特例も新設された。

2　相続登記未了への対応

(1)　相続登記の申請の義務化・相続人申告登記

a　相続登記の申請を義務化した理由

所有者不明土地の主な発生原因として、所有権の登記名義人が死亡して相続が発生しているが、登記記録上は登記名義人のままになっていること（相続登記の未了）が挙げられている。

相続が発生しても相続登記がされない原因は、①相続登記の申請が義務とされていない、かつ、申請しなくても相続人は不利益を被ることが少ない、②相続した土地の価値が乏しく、売却も困難である場合、費用や手間を掛けてまで登記申請するインセンティブが働きにくいことが指摘されている。

　また、近時においては、国土の管理や有効活用するには、不動産登記など土地の所有者情報をはじめとする土地基本情報を公示する役割が重要視されている。このような評価の一つの現れとして、令和2年改正土地基本法では土地所有者の管理の責務に関する規定が設けられ、6条2項では、その中で権利関係を明確化する措置として不動産登記の手続を適切に講ずるよう努めなければならないと明記された。

　そこで、改正法では、相続により不動産の所有権を取得した者のほか、遺贈で不動産の所有権を取得した者に、新不登法76条の2第1項により、自己のために相続の開始があったことを知り、かつ、所有権を取得したことを知った日から3年以内に相続登記の申請をすることを公法上の義務として義務付けた。さらに、同法164条1項により、正当な理由がないのに申請を怠ったときは、10万円以下の過料に処することとされた。

　なお、相続登記の申請義務の実効性を確保するための環境整備策として、相続人申告登記や所有不動産記録証明制度も新設されている。

　このほか、改正法の内容そのものではないが、相続登記の申請が義務化されたので、各地方公共団体で死亡届を受理する際に手渡される相続時のチェックリストに相続登記を盛り込む取

組が引き続き進められている。

b　相続登記の申請義務の基本的なルール

①　基本的義務

所有権の登記名義人に相続が開始した場合、民法898条と899条により、全ての法定相続人は、それぞれ法定相続分の割合で不動産の所有権を取得するが、新不登法76条の2第1項前段により、各相続人は、自己のために相続の開始があったことを知り、かつ、所有権を取得したことを知った日から3年以内に相続登記を申請する義務を負うとされた。

申請義務は法定相続分での相続登記を申請することでも履行できるが、新不登法76条の3第1項と第2項により、申請義務の履行期間内に登記官に相続人申告登記の申出をすれば、履行したものとみなされる。

相続登記の申請義務をいつまでに履行するかは、改正法では「3年」とされている。㋐これまで任意とされていた相続登記に申請義務を課すという側面があることに加え、㋑相続登記の申請義務を履行すべき期間については、申請する登記の類型にもよるものの、事案によっては遺産分割の協議をした上でその結果に基づく登記の申請をすることを望むことも想定され、「民法・不動産登記法（所有者不明土地関係）等の改正に関する中間試案」に関するパブリック・コメントの結果も踏まえている。

相続放棄があった場合、相続放棄をした者は、民法939条により、初めから相続人とならなかったものとみなされ、この効力は絶対的で何人に対しても登記がなくても効力を生ずると解

されている。そのため、ある不動産の所有権の登記名義人の共同相続人中の一部の者が相続放棄をした場合、相続放棄をした者以外の共同相続人は、相続放棄をした者を除いた上で算定される法定相続分に応じて不動産の権利を取得することになる。

改正法では、相続放棄をした者以外の共同相続人は、新不登法76条の2第1項に基づき、相続放棄をした者を除いた上で算定された法定相続分に応じて不動産の権利を取得したことを知った日、すなわち、相続放棄がされたことを知った日から3年以内に相続放棄後の割合に基づく法定相続分に応じた相続登記を申請する義務を負う。申請義務の履行期間内に登記官に対して相続人申告登記の申出をすれば履行したものとみなされる。

なお、相続放棄がされる前の時点では、相続放棄をした者を含めた上で算定される法定相続分での相続登記の申請義務が生じていた。しかし、このような登記をすることは、相続放棄がされたことに伴い客観的な権利状態と齟齬するものとなっており、相続登記の申請義務は既に客観的に履行不能となったといえるから、その義務違反を問う余地はないものと考えられる。

②　不動産の承継について遺言がされていた場合の義務

所有権の登記名義人の遺言があり、不動産を取得する者が定められている場合には、民法985条1項により、遺言で不動産を取得するとされた者が相続の開始時から不動産の所有権を取得する。

改正法では、所有権の登記名義人が遺言していて、遺言で不動産の所有権を取得した者が相続人であるとき、自己のために

相続の開始があったことを知り、かつ、所有権を取得したことを知った日から3年以内に、その所有権の移転の登記を申請する義務を負うこととされている。遺言の内容が特定財産承継遺言（いわゆる相続させる旨の遺言）であった場合は新不登法76条の2第1項前段により、相続人に対する遺贈であった場合は同項後段による。

相続人以外の者に対する遺贈については所有権の移転の登記の申請義務は課されていない。相続人以外の者に対する遺贈については、民法986条の遺贈の放棄をしないという点では意欲的に不動産を承継したといえ、相続を契機とする承継よりも売買による承継に近い面があることが考慮されている。相続人に対する遺贈でも遺贈の放棄は可能であるが、受遺者は相続人としての地位も有し、遺贈を放棄することにより法定相続分の範囲内では権利を第三者に主張することができる。

申請義務についても、それぞれ所有権の移転の登記を申請することによって履行することができるが、新不登法76条の3第1項と第2項により、申請義務の履行期間内に登記官に相続人申告登記の申出をすれば、履行したものとみなされる。

なお、遺言者はいつでも遺言を撤回することができるし、新たに有効な遺言が発見されることもあるので、ある遺言の内容を踏まえた登記をした後にこれを修正する登記が必要になることも想定される。また、遺贈の放棄がされて、遺言の内容と異なる遺産分割が行われることもある。そうすると、所有権の登記名義人の相続人に対し、遺言の内容を踏まえた登記の申請を義務付けるのみとし、相続人申告登記の申出を認めないことと

すると、個別の事例によっては過剰な負担をもたらすおそれも
あるので、改正法では、遺言がある場合であっても相続人申告
登記の申出による義務履行を認めている。そのため、相続人申
告登記の申出の後に新たに有効な遺言が発見されたときであっ
ても、相続人申告登記によって義務履行を認めることとした以
上、改めて遺言の内容に従った登記を申請すべき義務もないこ
とになる。

　また、遺贈を定めた遺言があったが、共同相続人間でこれと
異なる内容の遺産分割が行われることもある。この場合には、
遺贈の放棄がされた上で遺産分割が行われて、この遺産分割の
時点から、不動産を相続した相続人は、新不登法76条の２第１
項前段の「相続により所有権を取得した者」に当たるため、遺
産分割の結果を踏まえた登記の申請義務を負うことになるもの
と考えられる。遺言の内容に従った登記がされた後において
も、同様である。

　③　相続登記の申請義務を履行すべき期間の始期

　新不登法76条の２第１項により、登記の申請義務を履行すべ
き期間の始期については、登記の申請義務が発生したことを明
らかに認識することができるようにするため、自己のために相
続の開始があったことを知り、かつ、所有権を取得したことを
知った日とされており、単に自らが相続人となる相続があった
ことを知ったことだけでなく、具体的に不動産を取得したこと
を知って初めて登記の申請義務が発生することとされている。

　例えば、所有権の登記名義人に相続の開始があった場合に、
相続人が、㋐そもそも所有権の登記名義人に相続が開始した事

実を知らないケース、⑦相続や遺贈の対象となった不動産の存在自体を知らないケース、⑦抽象的に相続財産中に不動産があるらしいということは被相続人から聞かされていたが、具体的な地番などは把握していないというケースでは、この要件を満たしていないので、相続登記の申請義務は生じないことになるものと考えられる。

　また、相続登記がされないまま数次にわたって相続が生じているケースでは、そもそも、現在の被相続人は、自己の祖先が不動産を所有していたという事実自体を知らないことも少なくなく、そのようなケースでは不動産の「所有権を取得したことを知った」とはいえないため、申請義務違反は生じないと考えられる。また、相続人の数が多く、財産処分や遺産分割の経緯などの調査をすることができないケースについても、同様に、「所有権を取得したことを知った」とはいい得ないことが少なくないと考えられる。これに加えて、相続関係を証明するための書類収集に困難を伴うケース（原因として、単純にその人数が多い、必要な公的書類が廃棄されている、特殊な手続が必要になることも考えられる）では、履行期間内に相続登記を申請しないことにつき「正当な理由」があると考えられる。

c　相続人申告登記

(a)　相続人申告登記を設けることとした理由

　改正法では、所有者不明土地が発生しないように、これまで任意とされていた相続登記の申請を義務付けていて、これは、不動産登記簿を見れば、相続人の氏名と住所がより容易に分かるようにするためである。

現行法を前提としても、相続人それぞれの氏名と住所が記録される法定相続分での相続登記を申請させて、他の相続人の協力を得なくとも単独で相続登記の申請義務を履行したものと扱うこともでき、遺産分割を経てその結果を踏まえた相続登記の申請をさせるまでの必要はないことになる。

　しかし、法定相続分での相続登記は、申請のために法定相続人の範囲を確定するための被相続人の出生から死亡に至るまでの戸除籍謄本が必要となるなどの手続的な負担がある上、具体的相続分とは異なる登記を強いる結果となる場合もあり、この手続を相続登記の申請義務の主要な履行手段と位置付けることは適切ではないとも指摘されていた。

　そこで、新不登法76条の３により、相続人が申請義務を簡易で適切に履行することができるように、相続人申告登記という新たな登記が設けられた。

　相続人申告登記は，法定相続分での相続登記とは異なり、相続人申告登記の申出をした相続人以外の他の法定相続人の氏名・住所や各法定相続人の持分は登記されないため、申出に必要な添付書類の簡略化を図るなど、相続登記の申請義務を履行する相続人の手続負担を軽減させることができる。相続による権利移転を公示するものではないため、相続人ごとの法定相続分を確定する作業が不要で、申告時の添付情報として被相続人の出生から死亡に至るまでの戸籍謄本を提出することまでは要しないことが想定されている。

　改正後は、法定相続分での相続登記に代えて相続人申告登記が活用されることが期待されている。

(b) **相続人申告登記**

　相続人申告登記は、相続登記を申請する義務を負う者が、登記官に対し、対象となる不動産を個別に特定した上で、①所有権の登記名義人について相続が開始した旨と、②新不登法76条の3第1項により、自らがその相続人である旨の申出をした場合、同条3項により、登記官は所要の審査をして、申出をした相続人の氏名と住所を職権で登記に付記するものである。

　相続登記の申請義務の履行期間内に申出をした者は、新不登法76条の3第2項により、申請義務を履行したとみなされる。

　相続人申告登記は、相続による権利移転を公示していない。所有権の登記名義人に相続が開始したことと登記名義人の法定相続人とみられる者を報告的に公示するにとどまる。従来の相続登記と全く異なる新たな登記である。

　なお、法定相続分での相続登記の申請をし、相続人申告登記の申出をした際、申請や申出が法定単純承認に当たるかが問題となり得るが、いずれも該当しないことが前提になっている。民法921条1号では、「相続人が相続財産の全部又は一部を処分したとき」は単純承認をしたものとみなすとされていて、「処分」には法律上の処分だけでなく、事実上の処分も含まれると解されているが、民法899条の2第1項により、法定相続分での相続登記は第三者に対する対抗力は生じないし、相続人申告登記の性質は報告的な登記なので、民法921条1号の「処分」に当たらないと解される。

(c) **相続人申告登記の具体的な公示方法等**

　相続人申告登記は、飽くまで法定相続人とみられる者を報告

的に公示するにすぎず、申出をした相続人が最終的に不動産の所有者とならない可能性があるなど、公示が意味する内容に注意を要する。また、このような特質から、相続人が相続で取得した不動産を第三者に譲渡する場合、相続人申告登記がされていない場合と同様、譲渡人である相続人までの相続登記を経た上で、譲受人である第三者に対する所有権の移転の登記を申請する必要がある。そのため、改正法に関する一般的な周知と広報のほか、登記事項証明書も、相続人申告登記の公示や意味する内容が国民にとって分かりやすいものとなるようにするための配慮をすることなどが想定されている。

(d) **申出の方法・添付情報**

① **申出の方法**

相続人申告登記の申出は、相続登記の申請義務を負う者が、登記官に対し、対象となる不動産を個別に特定した上で行う。

新不登法76条の3第1項により、㋐所有権の登記名義人について相続が開始した旨と、㋑自らがその相続人である旨を申し出ることとなる。

この申出は、観念的には、相続人が複数存在しても、特定の相続人が自己の相続人としての地位に関して行うものであり、他の相続人の関与なく単独で行うことが可能である。新不登法76条の3第2項により、登記の申請義務が履行されたものとみなされるのは、飽くまでも申出をした相続人についてで、他の相続人の登記の申請義務が履行されたことにはならない。

もっとも、他の相続人を代理して申出を行うこともできるので、例えば、所有権の登記名義人の配偶者と子が相続人となっ

たケースで、配偶者が共同相続人である子の分を代理すること
でまとめて申出をすることもできる。このような申出により、
全ての相続人の氏名と住所が登記記録上明らかになるので、全
ての相続人の登記の申請義務が履行されたことになる。

　さらに、相続人申告登記では相続人からの申出を受けた登記
官が所要の審査をして職権で登記するので、従来の相続登記と
異なり「申請」ではなく「申出」による登記手続となる。

　したがって、申出の方法も一般的な申請手続と同様の厳格な
手続ではなく、制度趣旨に合った簡略なものが想定されてい
て、新不登法76条の3第6項により、法務省令で具体的な手続
を定める。

　② 申出に必要な添付情報

　相続人申告登記は、法定相続分での相続登記とは異なり、相
続人申告登記の申出をした相続人以外の他の法定相続人の氏名
と住所やそれぞれの法定相続人の持分は登記されないので、相
続人ごとの法定相続分を確定する作業は不要になる。そのた
め、申出の添付情報は簡略化され手続の簡略化も検討してい
る。

　相続関係を証する資料として、申出をする相続人自身が被相
続人の相続人であることが分かる相続人の戸籍謄本等を提出す
ることで足り、従来の相続登記の申請のように、法定相続人の
範囲を確定するための被相続人の出生から死亡に至るまでの戸
除籍謄本を提出することまでは要しないものとすることが想定
されている。

d　遺産分割が成立した場合の相続登記の追加的な申請義務

①　遺産分割成立時の追加的申請義務

不動産の所有権の登記名義人に相続が開始すると実体的な権利関係は、民法898条と899条により、法定相続分の割合に応じた相続人らの共有状態が生ずる。その後、特定の相続人が不動産の所有権を取得する遺産分割があると、909条により、相続開始時に遡って相続人が不動産の所有権を取得したことになる。

遺産分割がされた場合、相続人間で権利者の集約が図られることが多いと考えられ、遺産分割の結果を不動産登記に反映させることができれば、その後の不動産の処分に当たって便宜であり、所有者不明土地から生ずる問題の解消の観点からも有益であると考えられるので、改正法では、遺産分割が成立した場合、その結果の登記を申請することが義務付けられる。

㋐相続開始により法定相続分の割合に応じた所有権を取得したことを知った日から３年以内に相続登記の申請義務は生じていて、さらに遺産分割が行われた場合、新不登法76条の２第１項により、㋑遺産分割により所有権を取得したことを知った日、すなわち、遺産分割の日から３年以内に遺産分割の結果を踏まえた所有権の移転の登記を申請する義務が生ずる。

㋑の登記の申請義務は、遺産分割の結果を登記に反映させることで、将来における不動産の処分がより容易になるので設けられた。相続人申告登記の申出により㋑の申請義務の履行がされたものと認めてしまうと、遺産分割の結果が不動産登記に反映されず、その趣旨を没却することになる。そこで、新不登法

76条の3第2項かっこ書では、遺産分割により不動産の所有権を取得した場合、その後に相続人申告登記の申出をしてもその申請義務を履行したものとはみなされないこととされている。

また、改正法では、遺産分割により不動産の所有権を取得した場合には、その後に、法定相続分での相続登記の申請をしても、その申請義務を履行したことにはならず、飽くまでも、遺産分割の結果を踏まえた所有権の移転の登記を申請する必要があることとされている。新不登法76条の2第1項前段の「相続により所有権を取得した者」にいう「相続」とは、遺産分割を指すことになるため、法定相続分での相続登記を申請しても、同項前段にいう「所有権の移転の登記を申請」したものとは扱われないと解釈することになる。

② 法定相続分での相続登記の後に遺産分割が成立した場合の追加的申請義務

法定相続分での相続登記がされた後に遺産分割が行われたときは、新不登法76条の2第2項により、遺産分割によって法定相続分を超えて所有権を取得した者に対し、遺産分割の日から3年以内に所有権の移転の登記を申請する義務が課されている。

この場合も、遺産分割の結果を不動産登記に反映させることができれば、その後の不動産の処分に当たって便宜であり、所有者不明土地から生ずる問題の解消の観点からも有益であると考えられることによる。

遺言で相続分の指定がされるケースでも、新不登法76条の2第1項前段により、各相続人はその所有権の移転の登記を申請

する義務を負うが、実際に各相続人の指定相続分の割合を判断するには、その遺言の内容が、遺産分割の方法の指定を含まず、特定財産承継遺言には該当しない純然たる相続分の指定、例えば、法定相続分は各2分の1のAとBがいるが、指定相続分はAが3分の2、Bが3分の1とされたという事例では、遺言についての解釈が必要となるものと考えられる。このような場合にも、新不登法76条の3第1項と第2項により、相続人申告登記の申出をすれば、申請義務を履行したものとみなされ、申出をした後に、遺言の内容に従った登記を申請すべき義務を課されていない。なお、新不登法76条の2第2項かっこ書では、純然たる相続分の指定の事例も含め、遺言の内容に従った登記がされた場合、その後に遺産分割が行われたときは、新不登法での登記申請義務は過料の制裁であることを考慮して、追加的申請義務を課すこととはされていない。

③ 相続人申告登記の申出後に遺産分割が成立した場合の追加的申請義務

相続人申告登記の申出がされた後に相続人間で遺産分割が成立した場合、新不登法76条の3第4項により、相続人申告登記の申出をした者に、遺産分割の日から3年以内に遺産分割の結果を踏まえた所有権の移転の登記を申請する義務を課すこととされている。

相続人申告登記自体では、相続開始に伴う権利移転が公示されていないので、遺産分割の結果は不動産登記に反映されないことになり、この場合も、遺産分割の結果を不動産登記に反映させることができれば、その後の不動産の処分に当たって便宜

であり、所有者不明土地から生ずる問題を解消するのに有益と考えられることによる。

　法定相続分での相続登記がされた後に遺産分割が行われた場合、新不登法76条の 2 第 2 項により、遺産分割によって法定相続分を超えて所有権を取得した者にのみ、遺産分割の日から 3 年以内に遺産分割の結果を踏まえた所有権の移転の登記を申請する義務が課される。これに対し、相続人申告登記では相続による権利移転（法定相続分に応じた持分の取得）は全く公示されないので、相続人申告登記の申出をした者がその後の遺産分割によって所有権を取得した場合、法定相続分を超えて所有権を取得したかどうかにかかわらず、遺産分割の結果を踏まえた所有権の移転の登記を申請する義務が課される。

　相続人申告登記の申出がされた後、遺産分割が成立するまでの間に、法定相続分での相続登記がされることもあり得る。この場合、新不登法76条の 2 第 2 項により、遺産分割で法定相続分を超えて所有権を取得した相続人に対して遺産分割の結果を踏まえた所有権の移転の登記の申請義務を課せば足りると考えられる。新不登法76条の 3 第 4 項の規定を適用し、法定相続分を超えない持分を取得したにすぎない相続人にも申請義務を課す必要はないと考えられる。法文上も、新不登法76条の 3 第 4 項により申請義務が発生する場面として、相続人申告登記の申出をした者が新不登法76条の 2 第 1 項前段による法定相続分での相続登記をした後に、新不登法76条の 3 第 4 項かっこ書により、遺産分割によって所有権を取得した場面を除外する措置がとられている。

e　申請義務違反に対する過料の制裁

　相続登記の申請義務がある者が正当な理由がないのにその申請を怠ったときは、新不登法76条の2第1項と164条1項により、10万円以下の過料に処せられる。登記の申請義務を単なる努力義務や理念や訓示と位置付けるのではなく、過料の制裁を伴う具体的な義務としたのは、そのことにより登記申請義務を負う者に対してより強い意識付けが可能となり、相続登記の申請の義務化に伴って各種の負担軽減策をパッケージで設ける大前提として、このような具体的な義務とすることが重要であると考えられたからである。

　改正法が「正当な理由」を過料の消極要件としているのは、形式的には登記申請義務に違反する場合であっても、義務の履行期間内に登記申請をすることができなかったことに正当な理由があるときは、過料を科すべきではないと考えられるからである。「正当な理由」がある場合としては，例えば，相続登記等の関係では、①数次相続が発生して相続人が極めて多数に上り、戸籍謄本など必要な資料の収集や他の相続人の把握に多くの時間を要する、②遺言の有効性や遺産の範囲が争われている、③登記の申請義務がある者自身に重病の事情がある、④登記申請義務を負う者がいわゆるDV被害者で、その生命と身体に危害が及ぶので避難を余儀なくされている、などが考えられる。このほか、⑤経済的に困窮しているために登記に要する費用を負担する能力がないケースでも、財産状況や具体的な生活環境などによっては、登記の申請をしないことに「正当な理由」があると認められることはあり得る。

　なお、登記の申請義務に違反した者に対して過料を科すには公平性を確保することが重要であると考えられる。制度の実施に当たっては、「正当な理由」の具体的な類型について、通達などで明確化することが予定されている。

　また、裁判所の過料事件は職権で開始されるものであるが、実際には、登記官や監督官庁等から過料に処せられるべき者についての過料事件の通知（過料通知）を受けて手続が開始されることがほとんどで、改正法の下でも、相続登記の申請義務違反に対する過料事件の開始の前提として、登記官が裁判所に対して過料に処せられるべき者についての過料通知が行われることが想定される。過料通知が公平に行われるようにするには、登記官は、登記の申請義務に違反する事実を具体的に把握した場合に過料通知を行うこととする必要がある。

　そして、登記官は、登記の申請義務に違反する事実（主観的要件の充足や正当な理由の不存在を含む）を具体的に把握した場合には、あらかじめ登記を申請する義務を負う者に対して登記申請するよう催告することとし、それでもなおその者から正当な理由もなく申請がされないときに、過料通知を行い、催告に応じて登記申請がされた場合には過料通知をしない、などが想定されていて、制度の実施に当たっては、過料通知の手続を法務省令などに明確に規定する予定である。

　相続登記の申請義務がある者が申請を怠っている事実を登記官が把握するきっかけは、登記の申請義務の履行期間経過後に登記の申請がされた場合、相続人が遺言書を添付して特定の不動産について登記の申請をした際に、遺言書が他の不動産の所

有権についても申請人に移転させる旨を内容とするものであった場合、などが考えられる。過料の規定を設けることには、履行期間を経過した後には過料の制裁をおそれてかえって登記控えが起きるといった事態が生じるとの懸念が示されることがあるが、登記官による催告の手順を整備することで、催告に応じて登記申請すれば過料通知を回避することができ、履行期間を経過した後には過料の制裁をおそれてかえって登記の申請控えが起きるといった事態は生じないものと考えられる。

⑵　所有不動産記録証明制度

a　所有不動産記録証明制度の概要・新設の理由

現行不登法では、登記記録が一筆の土地や一個の建物ごとに作成される物的編成主義が採用されているので、これまでは全国の不動産から特定の者が所有権の登記名義人となっているものを網羅的に抽出し、その結果を公開する仕組みもなかった。

所有権の登記名義人が死亡した場合、どのような不動産を所有していたか相続人は把握しきれず、見逃された不動産に相続登記がされないまま放置されて所有者不明土地の発生につながってしまうと指摘されていた。

そこで、相続人が被相続人名義の不動産を把握しやすくするように、また、相続登記の申請の際に当事者の手続的負担を軽減し意図しない登記漏れを防止するために、新不登法119条の2により、特定の者が所有権の登記名義人として記録されている不動産に関する所定の事項を証明する所有不動産記録証明制度が新設された。なお、条文上は「所有権の登記名義人（これ

に準ずる者として法務省令で定めるものを含む。）」との表現がとられ、この対象の拡大の余地が残されている。今後、表題部所有者も所有不動産記録証明制度の対象とすることが検討課題になる。

　また、自己が所有権の登記名義人として記録されている不動産を一覧的に把握する、そのような情報を一覧的な証明書として第三者に提供する、更にはそのような不動産がないことの証明書を第三者に提供する、といったニーズは幅広く存在すると考えられるので、単に所有者不明土地の対策だけでなく、広く一般的な制度として、所有権の登記名義人と法人が利用可能な制度として新設されている。

b　交付請求人の範囲

　所有権の登記名義人として記録されている不動産を一覧的に把握する、更にはそのような情報を一覧的な証明書として第三者に提供する、更にはそのような不動産がないことの証明書を第三者に提供する、というニーズは幅広くあり、例えば、将来の相続発生に備えて遺言を用意するために不動産の把握を行いたい、全国に点在する自社の所有する不動産を一覧的に証明したい、融資や企業買収に当たってその資産の全貌や不動産を所有していない場合にはその事実を第三者に証明したいといったケースなどがあり得ると考えられる。

　そこで、改正法では、所有不動産記録証明書の交付請求人の範囲について、「何人も」自らが所有権の登記名義人として記録されている不動産、そのような不動産がない場合にはその旨について証明書の交付を請求することができるとされている。

もっとも、所有不動産記録証明書の内容は所有権の登記名義人のプライバシーや信用に関わる情報を含むので、新不登法119条の2第1項により、飽くまでも「自らが所有権の登記名義人（中略）として記録されている不動産に係る」証明書のみを請求することができ、同条2項により、相続人その他の一般承継人は、被相続人その他の被承継人に係る所有不動産記録証明書の交付を請求することができる。法人が合併した場合には、存続会社は被承継人である消滅会社に係る所有不動産記録証明書の交付を請求することができる。被承継人から権利義務を一般的に承継している相続人や存続会社であれば、被承継人に係る所有不動産記録証明書の交付請求を認めたとしても、被承継人のプライバシー侵害や信用の毀損といった問題は生じないものと考えられるからである。

　なお、証明書の交付請求先となる登記所は、新不登法119条の2第3項により、この事務を取り扱うことができるシステムの配備の可否や費用負担の事情を踏まえて法務大臣が指定し、同条4項と同法119条3項と4項により、手数料額と納付方法は、登記事項証明書の交付規定を準用し、政令などで定めることになっている。

3　所有権の登記名義人の死亡情報の符号の表示

⑴　死亡情報の符号の表示制度新設の理由

　現行法の下では、特定の不動産の所有権の登記名義人が死亡

しても、申請に基づいて相続登記がされない限り、登記名義人が死亡した事実は不動産登記簿に公示されないため、登記記録から所有権の登記名義人の死亡の有無を確認することはできなかった。

民間事業の計画段階で死亡情報の確認ができれば、事業用地の候補地の所有者を特定することやその後の交渉に手間やコストを要する土地や地域を避けることができ、事業用地の選定がより円滑になる。

相続登記の申請の義務化によって相続登記の申請がされるまでの間も、所有権の登記名義人の死亡情報という客観的な事実について、地方公共団体や経済団体などからできるだけ早期に登記記録に反映させてほしいとの要望が寄せられていた。

相続登記の申請の義務付けで、所有権の登記名義人が死亡した事実自体も不動産登記簿に公示されることを踏まえると、死亡情報を個人情報として秘匿する必要性は低い。

そこで、所有権の登記名義人の相続に関する不動産登記情報の更新を図り、不動産登記の公示機能を高める方策の一つとして、新不登法76条の4により、登記官が、他の公的機関から取得した所有権の登記名義人の死亡情報（住民基本台帳ネットワークシステムを通じての死亡情報が想定されている）に基づいて不動産登記に死亡の事実を符号によって表示する制度が新設された。

⑵ 死亡の符号を表示する場合

新不登法76条の4では、登記官が「所有権の登記名義人（中

略）が権利能力を有しないこととなったと認めるべき場合として法務省令で定める場合」に職権で所有権の登記名義人についてその旨を示す符号を表示することとされている。

　具体的には、①住基ネットを通じて、所有権の登記名義人が死亡したという情報の提供を受けた場合のほか、②法務局で実施している所有者不明土地特措法40条に基づく長期相続登記等未了土地解消作業などの施策を実施する過程で所有権の登記名義人の死亡情報に接した場合、③固定資産課税台帳上の所有者（納税義務者）に関する情報の提供を受けた際に、氏名と住所が不動産登記上の所有権の登記名義人の氏名や住所と異なることをきっかけに、所有権の登記名義人の死亡情報を把握した場合、これらの情報を端緒として戸籍情報の確認などを実施し、所有権の登記名義人の死亡の事実を登記官が了知することがあり得る。

　このように、符号の表示制度で複数の情報源から死亡情報を入手し、所要の確認を経て、できるだけ幅広く死亡の符号の表示を行うことが予定されている。

　なお、自然人が権利能力を有しない典型例は死亡だが、法律上死亡したものとみなされる失踪宣告があった場合、高齢者消除がされた場合、など死亡と類似する状態にも符号を表示することとするかどうかなどの詳細については法務省令で定めることが予定されている。

　また、条文上は「権利能力を有しないこと」との表現がとられているため、文言上は、所有権の登記名義人である法人が解散・清算により権利能力を喪失した場合も含まれ得る。もっと

も、符号の表示制度を設ける必要性が高いのは、所有権の登記名義人が自然人の場合なので、差し当たり、所有権の登記名義人の範囲は自然人に絞ることが予定されており、新不登法76条の4の「所有権の登記名義人」については法務省令に自然人に限定する旨の規定を設けることが予定されている。

4 住所変更登記などの未了への対応

(1) 住所等の変更登記の申請の義務化

a 住所等の変更登記の申請を義務化した理由

所有権の登記名義人が住所変更をしても登記がされない原因は、①現行法では住所変更登記の申請が任意で、変更しなくても大きな不利益がない、②転居のたびに所有不動産の変更登記をするのは負担である、と指摘されている。平成30年度に全国の法務局で実施された登記所備付地図作成作業での土地所有者の所在確認状況の調査結果では、登記記録のみで所有者の所在を確認することはできず、その他の調査で所在を確認することができた所有者の割合は全体の約23％で、このうち、相続登記の未了を原因とするものは約32.1％で、住所などの変更登記の未了を原因とするものが約62.9％だった。都市部では、住所などの変更登記の未了が所有者不明土地の主な原因となっていた。

そこで、新不登法76条の5では、所有権の登記名義人の氏名か名称または住所の変更があったときは、変更があった日から

2年以内に変更登記の申請をすることを義務付け、164条2項により、正当な理由がないのに申請を怠ったときは、5万円以下の過料に処せられる。

　所有権の登記名義人の住所は変更登記の申請義務の履行期間について、住所変更は頻繁に生じやすく、変更登記申請に必要な資料収集の負担もあまり大きくないので、相続登記の申請を義務付ける期間よりは短期間にして、相続登記の申請を義務付ける期間とのバランスをとり、「民法・不動産登記法（所有者不明土地関係）等の改正に関する中間試案」に関するパブリック・コメントの結果も基に、「2年」とされた。

　b　申請義務違反に対する過料の制裁

　所有権の登記名義人の氏名か名称または住所に変更があったときは、新不登法76条の5により、変更があった日から2年以内の変更申請を義務付け、正当な理由がないのに申請を怠ったときは、新不登法164条2項により、5万円以下の過料に処せられる。

　「正当な理由」がある場合とは、例えば、①登記の申請義務がある者自身に重病等の事情がある、②登記申請義務を負う者がいわゆるDV被害者で生命や身体に危害が及ぶ状態で避難している、③経済的に困窮していて登記費用を負担する能力がない、などが考えられる。なお、制度実施に当たって「正当な理由」の具体的な類型を通達などで明確化することを予定しているのは、相続登記の場合と同様である。また、過料通知の手続を法務省令などで明確にするのも、相続登記の場合と同様である。

⑵ 他の公的機関との情報連携と職権による住所などの変更登記

　住所などの変更登記の申請義務化の実効性を確保するための環境整備策として、登記名義人の負担を軽減するために、登記官が他の公的機関から所有権の登記名義人の住所などの異動情報を取得する情報連携の仕組みを新設し、所有権の登記名義人の氏名か名称または住所について変更があったと認める場合には、新不登法76条の6により、登記官が職権で変更登記を行う。

　登記官が他の公的機関から所有権の登記名義人の住所などの異動情報を取得する仕組みは、自然人では住基ネットから、法人では商業・法人登記情報システムから、それぞれ必要な情報を取得することを想定している。

　具体的な運用の在り方は、施行までに法務省令などで具体化していくことになるが、現時点では以下を想定している。

① 自然人の場合

　所有権の登記名義人から氏名・住所と生年月日などの情報（検索用情報）の提供を受け、これを検索キーとして、法務局で定期的に住基ネットに照会して異動情報を取得し、住所などの変更の有無を確認する。住所などの変更が分かったときは、職権で変更登記をする前に法務局から所有権の登記名義人に確認する。

　自然人では、DV被害者であって最新の住所を公示されることに支障がある者も存在し得るし、個人情報保護の観点から住

民基本台帳を閲覧することができる事由を限定している住民基本台帳制度の趣旨から、登記官が所有権の登記名義人の住所等が変更されたという情報を取得しても、直ちに不動産登記簿に公示することは適当でないので、新不登法76条の6ただし書により、法務局から、所有権の登記名義人に変更登記をすることについて確認し、登記名義人から変更について了解を得たときには「申出」があったと扱って、登記官が職権的に変更を登記する。

　なお、所有権の登記名義人が外国に居住するケースでは、住基ネットを通じて異動情報を取得できないので、新不登法76条の6の「変更があったと認めるべき場合として法務省令で定める場合」に該当しない。職権による住所などの変更登記によらず、所有権の登記名義人が自ら住所などの変更登記をする必要がある。

　② 法人の場合

　法人の住所等に変更が生じたときは、法務省内のシステム間連携により、商業・法人登記のシステムから不動産登記情報システムに変更情報を通知して、住所などの変更を把握する。なお、新不登法73条の2第1項1号により、所有権の登記名義人が法人のときは、会社法人等番号を登記事項とすることとされていて、情報連携でも会社法人等番号を利用することが想定されている。

　所有権の登記名義人が法人である場合、商業・法人登記で公示されている法人の商号や名称と本店や主たる事務所の所在地に関する情報をそのまま不動産登記で公示するので、新不登法

76条の6ただし書により、自然人の場合と異なり、所有権の登記名義人の申出は必要ない。

5 登記手続の簡略化

⑴ 相続人に対する遺贈による所有権の移転の登記の単独申請

a 改正の概要

新不登法63条3項により、相続人が遺贈による所有権を取得し移転登記をする際には、受遺者である相続人（登記権利者）が単独申請できるようになった。

b 単独申請を可能とすることとした理由

権利に関する登記申請は、不登法60条により、法令に別段の定めがある場合を除いて登記権利者と登記義務者が共同してしなければならないとされていて、例外は、現行不登法63条では、確定判決による登記や相続・法人の合併での権利移転の登記である。

ここでいう「相続」には、民法1014条2項のいわゆる特定財産承継遺言も含まれているが、遺贈は含まれていなかった。遺贈による所有権の移転登記では、登記権利者である受遺者と登記義務者である遺言執行者か共同相続人との共同申請であった。

不登法がこのような共同申請の原則を採用しているのは、登記権利者と登記することにより登記上直接に不利益を受ける登記義務者が共同して登記を申請することで、登記の真正を担保

するための措置の一つと位置付けていることによる。

　しかし、相続人に対する遺贈は、遺言の内容に基づいて被相続人から相続人に対して権利の移転が生ずるのは特定財産承継遺言と同じ機能があるが、特定財産承継遺言に基づいて相続による所有権の移転の登記の申請がされる場合と同じように登記原因証明情報として遺言書が提供されれば、遺贈による所有権の移転登記の真正は特定財産承継遺言に基づく相続による所有権の移転の登記と同程度に担保される。

　加えて、改正法では、遺贈で所有権を取得した相続人に対して所有権の移転登記の申請義務を課して申請を促進しており、所有者不明不動産が発生することを予防するためには、登記手続の合理化と簡略化を図ることが有益と考えられる。

　以上から、相続人に対する遺贈による所有権の移転の登記でも、登記権利者である受遺者による単独申請を可能とした。もっとも、登記権利者と登記義務者の共同申請が排除されるわけではない。

　なお、相続人以外の第三者に対する遺贈では、特定財産承継遺言による所有権の移転と実質的に同視できないので、新不登法63条3項の規定の適用対象外になり、今までと同じ手続になる。

⑵　形骸化した登記の抹消手続の簡略化

　所有権以外の権利でも、例えば、登記された存続期間が満了している地上権などの権利や買戻しの期間が経過している買戻しの特約など、既にその権利が実体的には消滅しているにもか

かわらず、その登記が抹消されることなく放置され、その結果、権利者が不明となるために抹消に手間やコストを要するケースもあるとの指摘がある。また、不登法70条に登記義務者の所在が不明な場合の登記抹消についての特例規定があるが、手続的な負担が重いなどの理由で活用がされていない実情がある。

そこで改正法は、より簡便に一定の要件下で所有権以外の権利に関する登記を抹消できるように、以下の規定を新設した。

a 買戻しの特約に関する登記

民法579条の買戻し特約は、売買契約と同時にされるが、買戻し期間の上限は10年とされていて、580条1項により期間を延長することもできない。売買契約の日から10年を経過した場合、買戻し特約の効果は消滅しているので、売買契約の日から10年を経過した買戻し特約の登記は、登記権利者（買主）が単独で簡易に抹消することができることとするのが適切であると考えられる。

そこで、形骸化した登記の抹消の手続を簡略化し、買戻しの特約に関する登記がされている場合、買戻しの特約がされた売買契約の日から10年を経過したときは、期間を延長する余地がないので、新不登法69条の2により、登記権利者（売買契約の買主）は、単独で登記抹消を申請することができる。

新不登法69条の2の規定に基づく登記の抹消手続の具体的な在り方については今後法務省令などで定められ、登記義務者（売主）に対する手続保障を図る観点から、この規定に基づいて買戻しの特約に関する登記の抹消をしたときは、登記官が登

記義務者にその旨を通知することが予定されている。

　なお、買戻し期間が10年よりも短期である場合、新不登法70条 2 項の簡易な抹消手続の適用対象となる。

　b　存続期間の定めが登記される権利の登記

⒜　改正の概要・抹消手続を簡略化することとした理由

　不登法78条 3 号の登記された存続期間が満了している地上権、79条 2 号の永小作権、95条 1 項 1 号の質権、81条 2 号の賃借権と82条 1 号の採石権に関する登記や買戻し期間が経過している買戻し特約の登記について、既に権利が実体的に消滅しているのに、登記が抹消されずに放置され、その結果、権利者が不明で抹消に多くの手間やコストを要するケースがあるとの指摘がある。

　このような事態に備え、不登法70条 1 項により、登記権利者が、登記義務者の所在が知れないため登記義務者と共同して権利に関する登記の抹消を申請することができないときは、非訟法99条に規定する公示催告の申立てをすることができる。

　「登記義務者の所在が知れない」のうち、「所在」は住所や居所よりも広い概念で、勤務先などが分かれば所在が知れないとはいえないが、所在が知れないことの認定は、一般的に民訴法110条の公示送達の要件に準じて行われる。実務的には、登記義務者や相続人の住所地の現地での聞き取りを踏まえた調査報告書の提出が必要とされていて、情報収集には相当な手間を要する上、公示催告手続自体に一定の時間を要することなどから、訴訟を通じた登記の抹消の方法に比してその手続的負担が特に軽いとはいい難く、不登法70条 1 項の規定はこれまで必ず

しも活用されてこなかった。

　しかし、登記された存続期間が満了している地上権などの登記や買戻し期間が経過している買戻し特約に関する登記では、権利の消滅が強く推認される上、登記抹消により既判力が生ずるものでないことも考慮すれば、このような権利の登記抹消に当たっては、登記義務者の「所在が知れない」との要件について、過度に厳格な立証を求める必要はないと考えられる。

　そこで、形骸化した登記の抹消の手続を簡略化する観点から、これらの登記については、公示送達の要件に準じて認定されている「登記義務者の所在が知れない」との要件の充足に必要な調査方法をより登記権利者にとって負担の少ない方法とすることとされ、そのような方法でも「所在が判明しない」ときには、新不登法70条1項の規定の適用について、同条2項により、「（共同して登記の抹消の申請をすべき者の）所在が知れない」ものとみなすこととされた。

⒝　**共同して登記の抹消の申請をすべき者の調査方法について**

　新不登法70条2項の規定を適用するに当たって必要な調査の方法は、具体的には、法務省令で定めることとされているものの、次のような内容とすることが想定されている。

①　**登記義務者が自然人の場合**

　新不登法70条2項の適用対象が登記された存続期間の満了した権利であることに加え、登記の抹消には裁判所の公示催告や除権決定を経る必要があること、除権決定には既判力はなく判決手続を通じて抹消された登記の回復も可能であることも踏まえれば、登記記録上の住所を訪れて周辺住民への聞き取りをす

るなどの現地調査をする必要はないものと考えられる。

　もっとも、新不登法70条2項で求められる調査対象が「共同して登記の抹消の申請をすべき者の所在」であることからすれば、同項にいう「相当の調査が行われた」というためには、基本的には、登記記録上の登記義務者の氏名と住所を手掛かりとして、登記記録上の住所の住民票登録の有無や住所を本籍地とする戸籍やその附票の有無を調査し、それが存在しない場合には、不在住・不在籍証明書を提出する。転居先が分かれば追跡調査して、把握が可能な最新の住所に宛てた郵便物の到達の有無を調査して所在が判明するか否かを確認することを要する。例えば、配達証明付きの郵便物が不到達であったことを証する書面を提出することが考えられる。

　また、登記義務者の死亡が判明した場合には、登記義務者の戸籍から法定相続人を特定し、法定相続人について上記と同様の調査を行うこととすることが考えられる。

　②　登記義務者が法人の場合

　登記義務者である法人の登記簿が閉鎖され、閉鎖登記簿も保存期間を経過して保存されていないような場合、もはやそれ以上は調査することもできないことから、調査を尽くしたということができる。

　また、法人の登記簿は存在しているが、代表者や清算人の存否や生死が知れないケースでも、「相当の調査」をしたが「所在が判明しない」ものと扱うのが合理的である。

　具体的には、法人の本店住所に法人の実体が存在していないことを登記簿上の本店所在地に宛てた配達証明付きの郵便物の

不到達で確認し、さらに、登記された法人の代表者について、その全員が死亡していること、あるいはその生死や所在が不明であることについて、登記義務者が自然人である場合に準じて、住民票や戸籍など公的書類で確認することが考えられる。

c 既に実質的に存在しない法人の担保権に関する登記

被担保債権が弁済で消滅しても担保権の登記抹消がされないまま放置され、登記がされてから長い年月を経た担保権の登記が残存していることがあり、このような登記が残存していると不動産の円滑な取引が阻害されるとの指摘がされていた。

このような担保権の登記抹消方法の一つとして、不登法70条3項後段では、同条1項に規定する「登記義務者の所在が知れないため登記義務者と共同して権利に関する登記の抹消を申請することができないとき」に、被担保債権の弁済期から20年を経過し、かつ、期間を経過した後に被担保債権と利息と債務不履行により生じた損害の全額に相当する金銭が供託されたときは、登記権利者は単独で担保権に関する登記抹消を申請することができるとされている。

もっとも、登記義務者である法人の「所在が知れない」と認められる場合が限定的に理解されている上、貨幣価値が大きく変動しない現代では被担保債権の全額の供託要件を満たすことが困難な例が生じてくると考えられる。登記から相当長期間を経たものの中には、貨幣価値が現在までの間に大きく変動していて、被担保債権が数十円や数百円程度と現在の貨幣価値からは少額であるケースも存在し、そのようなケースでは上記の供託要件を満たすことは容易であるが、今後はそのようなケース

は少なくなることが予想される。

担保権に関する登記の登記名義人である法人について、法人としての実質やその有する担保権の実体を喪失していると積極的に認定することができるケースなどでは、供託がされずに登記が抹消されても登記義務者である担保権に関する登記名義人が損害を被る蓋然性は極めて小さいものと考えられる。

そこで、こうしたケースを念頭に、解散した法人の担保権に関する登記について、清算人の所在が判明しないため抹消の申請をすることができない場合には、新不登法70条の2により、一定の期間の経過を要件として、所有権の登記名義人などの登記権利者が単独で、供託を要することなく、公示催告の手続も要せずに、担保権に関する登記の抹消を申請することができるとされている。

具体的には、①共同して登記の抹消申請をすべき法人が解散している、②法人の解散の日から30年経過した、③新不登法70条2項に規定する方法で調査しても法人の清算人の所在が判明しないので法人と共同して先取特権などの登記を抹消申請することができない、④被担保債権の弁済期から30年を経過した、ことが要件とされる。

6 その他の不動産登記法改正

(1) 所有権の登記事項の追加（会社法人等番号、国内連絡先）

a 会社法人等番号の登記

会社法人等番号は、商業登記法7条では特定の会社と外国会社その他の商人を識別するための番号とされ、新たに会社などの商業登記記録を起こすときに、唯一無二に付される12桁の番号である。会社の組織変更や管轄登記所の変更があっても、番号に変更はない。

改正法では、所有権の登記名義人が法人である場合には、新不登法73条の2第1項1号により、名称と住所に加え、会社法人等番号その他の特定の法人を識別するために必要な事項を登記事項としている。

なお、健康保険組合や土地改良区や認可地縁団体など、法人の種類によっては会社法人等番号を有しない法人もあり、会社法人等番号に加えて「その他の特定の法人を識別するために必要な事項」が登記事項とされていて、法人の種類ごとに識別するために必要な事項は異なる。詳細は法務省令で定めることとされている。

また、所有権の登記名義人の住所変更登記の申請の義務化に伴い、手続の簡素化・合理化を図るため、新不登法76条の5と76条の6により、登記官が、商業・法人登記情報システムなどから所有権の登記名義人の住所の異動情報を取得する仕組みが

新設された。不動産登記情報システムと商業・法人登記情報システムとの間の情報連携については、対象となる法人が所有権の登記名義人として記録されている不動産を特定して法人の名称等の変更情報を適時に適切に不動産登記に反映するため、会社法人等番号を検索キーとすることが合理的であり、会社法人等番号はここでの活用が想定されている。

改正法附則5条5項により、この規定の施行日である令和6年4月1日に現に法人が所有権の登記名義人として記録されている不動産については、登記官が職権的に会社法人等番号を登記事項に追加する旨の登記をすることができる旨の経過措置が設けられている。運用の具体的な在り方は、法務省令などで定められるが、所有権の登記名義人である法人による簡易な申出手続に基づいて職権的な登記を行うことなどが想定されている。

b　所有権の登記名義人の国内連絡先の登記

近時、国際化の進展で、海外在留邦人の増加や海外投資家による我が国への不動産投資が増え、不動産の所有者が国内に住所を有しないケースが増加しつつある。

こうしたケースでの所有者へのアクセスは、基本的に登記記録上の氏名と住所を手掛かりとするほかないが、我が国のように住所の公示制度が高度に整備された国は少ないことなどから、その所在を把握し、連絡を取ることに困難を伴うことが少なくないとの指摘がされている。

そこで、新不登法73条の2第1項2号では、国内に住所を有しない所有権の登記名義人に対し必要な所在の把握や連絡等を

容易にするため、所有権の登記名義人が国内に住所を有しないときは、国内での連絡先となる者の氏名か名称と住所その他の国内での連絡先に関する事項として法務省令で定めるものが登記事項とされる。

国内連絡先となる者は自然人か法人かを問わないので、不動産関連業者のほか、登記申請の代理人になった司法書士が給源となることが期待される。また、制度が定着するまでの間は、連絡先の受け皿が見つかりにくい状況が生ずることも予想され、国内連絡先がない旨の登記をすることも許容することが予定されている。国内連絡先として、第三者を登記することだけでなく、例えば、外国法人の日本支店を連絡先とすることもあり得る。

⑵　登記簿の附属書類の閲覧の要件の見直し

現行不登法では、登記簿の附属書類のうち土地所在図など図面は何人も閲覧することができ、図面以外の附属書類は請求人が利害関係を有する部分に限って閲覧を請求することができるとされていた。不動産の客観的状況と権利関係が記録された登記簿を一般に公開するには参考となる資料についても公開することが望ましいとの考え方に基づき、登記簿の公示機能を補完するものと位置付けられてきた。

しかし、具体的にどのような範囲を「利害関係」とするかは、解釈上必ずしも明確ではなく、これまでの実務では、事例ごとに登記官が個別に判断していた。また、近時は、プライバシーへの配慮の要請が強まり、登記簿の附属書類に含まれる

個々の書類の性質・内容ごとに閲覧の可否をそれぞれ検討する必要があるものが増えていて、例えば、登記記録を見ても直ちに所有者や所在が判明しない場合は、登記簿の附属書類を閲覧して所有者探索のための端緒が見つかることがあり得るが、登記簿の附属書類の中には、戸籍や住民票の写しなど個人情報として保護される重要性の高い情報が含まれ、図面以外の附属書類全般について閲覧を認めるべきかを慎重に判断する必要があると考えられる。

　そこで、新不登法121条は、図面以外の附属書類の閲覧について、「利害関係」との要件を「正当な理由」に改め、閲覧の可否の基準が整理されている。

　新不登法121条3項の「正当な理由」とは、①不動産の登記簿の附属書類の閲覧を請求する者（請求人）が少なくとも不動産の図面以外の附属書類を閲覧することに理由があり、②その理由に正当性があることを意味するものと考えられる。

　「正当な理由」の内容は、今後、適切な実務運用が安定的に行われるよう、通達などで明確化することを予定している。例えば、①被相続人Aから相続人Bへ相続登記された不動産がある場合で他の相続人Cが相続登記の真正性に疑義があると考えるケース、②不動産の隣地の所有者が、過去に行われた分筆の登記の際の境界標や筆界の確認の方法について図面以外の附属書類中の書類で確認したいというケース、③不動産を購入しようとしている者が図面以外の附属書類の閲覧につき所有権の登記名義人から承諾を得た上で、過去の所有権の移転の経緯などを確認しようとするケースなどが該当するものと考えられる。

⑶ DV被害者などを保護するための登記事項証明書などの特例

　登記名義人がいわゆるDV被害者の場合、加害者が登記事項証明書を取得して、被害者の現住所を知ることができてしまうと、生命身体に対して危害を及ぼすおそれが考えられる。

　そのため、現在の不動産登記実務では、被害者の住所が公開されて生命身体に不利益を生ずることがないように、被害者の住所を公開しない取扱いがされている。

　しかし、これらの取扱いは運用上のものにとどまっていて、相続登記や住所変更登記の申請義務化など不動産登記を最新のものとするために各種方策を講ずるに当たり、被害者保護のため住所を公開しない取扱いをより合理的なものに改め、法制上の措置とすることが相当であると考えられる。

　そこで、改正法では、登記官は、不登法119条1項と2項の規定（相続登記や住所等の変更登記の申請義務）にかかわらず、新不登法119条6項により、登記記録に記録されている自然人の住所を明らかにすると人の生命身体に危害を及ぼすおそれがある場合やこれに準ずる程度に心身に有害な影響を及ぼすおそれがあると法務省令で定める場合で、DV被害者などから申出があったとき、登記事項証明書にその住所に代わる事項（実際上連絡先となる住所）を記録することとされている。要件の具体的な適用対象者や要件を満たすことをどのように証明すべきかなどについては、法務省令で定めることが予定されている。

　登記事項証明書に登記記録として記録されている者の住所に

代わる事項を記録する措置の具体的な方法としては、実際の住所の代わりに、DV被害者などから申出がされた場所、例えば、DV被害者から委任を受けた弁護士の所属する法律事務所や被害者支援団体の住所や法務局の住所などを登記事項証明書等に記載することが想定されるが、詳細については法務省令で定めることとされている。

7　施行期日等

⑴　施行期日

改正法のうち不登法改正については、段階的に順次施行することとされている。

①　相続登記の申請の義務化や相続人申告登記に関する規定については、不動産登記情報システムの改修やこれに伴う具体的な手続規律について政省令等の整備を行う必要があることを踏まえて、令和6（2024）年4月1日に施行される。

②　所有不動産記録証明制度、符号の表示制度、住所変更登記の未了への対応という他の公的機関とのシステム連携等を前提にした施策等に関する規定については、他のシステムとの情報連携や検索機能の前提となるシステム整備のための改修を行った上で、これを基礎として情報連携や検索機能の実装のためのシステム改修を行うといった大規模なシステム改修が必要であり、準備のために更に相応の期間を要することを踏まえて、令和8（2026）年4月までに施行することとされ

ている。

①と②以外の改正規定は、令和5（2023）年4月1日から施行される。

(参考) 改正法のうち不動産登記法の改正に関する部分に係る施行期日の整理

施行期日	主な改正事項	新不登法の規定
公布日から起算して2年を超えない範囲内の政令で定める日【改正法附則1条本文】⇒令和5（2023）年4月1日施行	相続人に対する遺贈による所有権の移転の登記の単独申請化	63条3項
	形骸化した登記の抹消手続の簡略化	69条の2、70条、70条の2
	登記簿の附属書類の閲覧の要件見直し	121条
	登記官による情報の提供の求めに関する規定の新設	151条
公布の日から起算して3年を超えない範囲内において政令で定める日【改正法附則1条2号】⇒令和6（2024）年4月1日施行	相続登記等の申請義務化	76条の2
	過料の制裁の新設	164条1項
	相続人申告登記の新設	76条の3
	所有権の登記事項の追加（会社法人等番号、国内連絡先）	73条の2
	DV被害者等保護のための登記事項証明書等の特例の新設	119条6項
公布の日から起算して5年を超えない範囲内において政令で定める日【改正法附則1条3号】	所有権の登記名義人についての死亡の符号の表示制度の新設	76条の4
	住所等の変更登記の申請義務化	76条の5

⇒令和8（2026）年4月までに施行	過料の制裁の新設	164条2項
	職権による住所等の変更登記	76条の6
	所有不動産記録証明制度の新設	119条の2

(2) 経過措置

　相続登記や住所変更登記の申請義務に係る規定は、所有者不明土地問題の解決という目的を達成するため、施行日前に相続開始や住所変更などがあった場合にも適用することとした上で、登記申請に必要な期間を確保するため、改正法附則5条6項と7項により、少なくとも施行日から一定の猶予期間（相続登記につき3年間、住所変更登記につき2年間）を置くこととされている。

〈施行日前に相続が発生していたケース〉

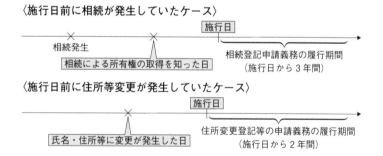

〈施行日前に住所等変更が発生していたケース〉

第 4 章

相続土地国庫帰属法

1 制度趣旨

(1) 相続土地国庫帰属法のあらまし

　都市部への人口移動や人口減少や高齢化の進展で地方を中心に土地の所有意識が希薄化し、土地を利用したいというニーズも低下する傾向があるといわれている。

　このような背景から、相続で望まない土地を取得した所有者は負担感を増し、手放したいと考える者が増加し、所有者不明土地を発生させる要因になり、土地の管理不全化を招いているという指摘もある。国土交通省が実施した土地問題に関する国民の意識調査では、土地所有について負担を感じたことがある、または感じると思う者が約42％に達し、法務省が令和2年に実施した調査でも、土地を所有している世帯の約20％が土地所有権を手放す仕組みの利用を希望しているとされている。

　とりわけ、相続をきっかけにやむを得ず土地を取得した者については、積極的な土地の利用意向がないにもかかわらず、土地基本法6条により、積極的に土地を取得した者と同様に土地の管理についての責務を負わなければならず、土地の所有に伴う管理の責任を将来にわたって負わせることが酷である場合もあり、一定の限度で土地管理の負担から免れる途を開く必要性が高い。

　そのため、相続や相続人に対する遺贈により取得した土地を手放すことを認め、所有権を国庫に帰属させることができる仕

組みを整備して、所有者不明土地の発生を予防し、土地の管理不全化を防止する必要がある。

　他方、土地所有権の国庫帰属を認めると、土地の所有に伴う管理コストが国に転嫁され、将来的に土地の所有権を国庫に帰属させる意図の下で所有者が土地を適切に管理しなくなるモラルハザードが発生するおそれもある。

　そこで、相続土地国庫帰属法では、過度な管理コストが国に転嫁されることやモラルハザードを防止するために、対象になる土地を相続により取得した土地のうちで一定の要件を満たすものに限定し、法務大臣が要件の存在を確認の上で承認することで、土地所有権が国庫に帰属する制度を創設している。

⑵　制度の要点

① 　相続で土地所有権や共有持分を取得した者は、法務大臣に対し、その土地の所有権を国庫に帰属させることについての承認を申請することができる。

② 　法務大臣は、承認申請に係る土地が、通常の管理や処分するに当たり過分の費用や労力を要する土地として相続土地国庫帰属法に規定されている類型に該当しないときは、土地所有権の国庫帰属についての承認をしなければならない。

③ 　法務大臣は、承認に係る審査をするため必要があると認めるときは、その職員に事実の調査をさせることができる。

④ 　土地所有権の国庫帰属の承認を受けた者が、一定の負担金を国に納付した時点で、土地所有権は国庫に帰属する。

⑶　土地所有権の放棄との相違

　土地所有権の放棄は、土地の所有者が、その一方的意思表示により自己の所有権を消滅させ、土地を所有者のないものとすることをいう。民法239条2項は、所有者のない不動産は国庫に帰属するものとしているので、土地所有権の放棄が認められた場合、土地所有権は国庫に帰属することになる。土地所有権の放棄の可否については、現行民法には明文規定はなく、確立した最高裁判例も存在せず、学説は分かれている。

　相続土地国庫帰属制度は土地所有権を国庫に帰属させるが、法務大臣が承認した土地のみ国庫への帰属を認めるものであり、所有者の一方的意思表示による土地所有権の国庫への帰属を認めるものではないので、土地所有権の放棄と異なる。

　法制審議会民法・不動産登記法部会では、所有者不明土地の発生を抑制する方策として、当初、現行法上その可否が明らかでない土地所有権の放棄を立法により一定の場合に認めることとし、土地を無主のものとした上で国庫に帰属させる土地所有権の放棄制度を民法に設けることを検討していた。しかし、検討の過程で、①所有者不明土地の発生を抑制するために土地所有権を国庫に帰属させることを可能とする制度を創設することが目的で、放棄によっていったん無主の土地とした上で、民法239条2項により土地を国庫に帰属させるという法的構成は迂遠であり、土地所有権を直接国庫に帰属させる構成とすれば足りること、②土地所有権の放棄に関する規律を民法に設ける際には、動産の所有権の放棄についての規律の在り方も問題とな

るが、動産はその大きさや価値が様々であり、適切な規律を定めるには慎重な検討を要することから、民法に土地所有権の放棄に関する規律を設けることにはならなかった。

このように、土地所有権の放棄の可否は引き続き解釈に委ねられることとなったが、現行民法の解釈で土地所有権の放棄を認める立場は、権利を処分することは権利者の自由であるという権利の一般的性質を重視するものである。土地基本法 6 条により、土地の所有者には土地を適切に管理する責務があり、責務を一方的に放棄して他者に転嫁することは基本的に許されないことを前提に、一定の要件の下で土地所有権の国庫帰属を認める制度になった。このような相続土地国庫帰属制度が創設されたことを踏まえると、今後は、所有者の一方的な意思表示により土地所有権を放棄することはできないという解釈が有力になるものと思われる。

なお、土地所有権の放棄では、放棄によって土地が無主のものとなり、その上で民法239条 2 項に基づいて国がその所有権を取得することから、法的性質は原始取得であると解される。これに対し、相続土地国庫帰属制度では、法務大臣による承認を経て承認申請者が所有する土地の所有権が国に移転するとされており、その法的性質は承継取得であると解される。

⑷　国への寄附との相違

国が土地の寄附を受けてその所有権を取得することがあり、一般に「寄附受け」と呼ばれているが、法的性質は民法549条の土地所有者と国との間の贈与契約で、贈与者である土地所有

者と受贈者である国との間の合意がない限り、寄附は成立しない。

これに対し、相続土地国庫帰属制度では、相続土地国庫帰属法5条1項柱書により、法務大臣は、法定要件を満たす申請には国庫帰属の承認をしなければならず、法務大臣による国庫帰属の承認後、11条1項により、承認申請者が負担金を納付した時点で、対象土地の所有権が国庫に帰属することとされている。

相続土地国庫帰属制度では、土地は、寄附のように、当事者の意思表示に基づいて譲渡（権利移転）がされるのではなく、所定の手続を経て法律の規定により国庫に帰属するものである。

⑸　相続の放棄との相違

相続土地の管理負担から免れることができる現行制度として、民法938条以下の相続の放棄がある。

相続の放棄は、法定相続人が、法定の期間内に家庭裁判所に相続の放棄をする旨を申述することにより、初めから相続人とならなかったものとみなされ、被相続人の財産に属した権利義務を一切承継しない制度である。したがって、相続放棄した者は、被相続人の有していた土地の所有権も、建物や動産の所有権や債権などの権利も、被相続人が負っていた金銭債務などの義務も、一切承継しない。また、相続の放棄をする旨の申述が適式にされていれば足り、被相続人の財産がどのようなものであるかについての制限はなく、相続の放棄に当たって経済的負

担が求められることもない。

　これに対し、相続土地国庫帰属制度では、相続人が相続を承認し、被相続人の財産に属した権利義務を包括的に承継した上で、相続や相続人に対する遺贈によって取得した特定の土地所有権を、法務大臣の承認を受けて国庫に帰属させる。相続人は、被相続人の財産を包括的に承継しつつ、特定の土地のみを手放して国庫に帰属させることができる反面、相続土地国庫帰属法2条3項と5条1項により、土地について法定要件を満たすことが必要で、また、3条2項と10条1項により、国庫帰属に当たって手数料と負担金の納付という金銭的負担が求められる。

2　承認申請をすることができる者（承認申請権者）

(1)　基本的な考え方

a　承認申請権者を限定する趣旨

　土地所有者がその土地の所有権を国庫に帰属させると、本来所有者が管理すべき土地を国に引き受けさせ、国民の負担で土地を管理することになる。土地の所有者が自らの意思で取得した土地については、所有者が自らの責任で土地管理の負担も引き受けたということができ、このような土地を国に帰属させて国民の負担で管理することとする必要性は低い。

　他方、相続で取得した土地では、土地を利用する見込みや土地からの受益もないのに、相続人が処分もできずやむを得ず所

有し続けていることもあると考えられ、このような土地は所有者不明土地になる可能性も高く、国が引き受けて国民全体の負担で管理することとする必要性が高いと考えられる。

　そこで、相続土地国庫帰属法2条1項では、相続により土地を取得した者に限って、相続土地国庫帰属制度の承認申請権を与えることとされている。法人は相続で土地を取得することはないので、基本的には承認申請権がない。

　b　遺贈により土地の所有権を取得した者

　遺贈では、民法986条1項により、受遺者は遺言者の死亡後いつでも遺贈の放棄をすることができ、相続人以外で遺贈を受けた者は、遺贈の放棄をすることなく、自らの意思で対象土地を取得したものと考えられる。そのため、相続土地国庫帰属制度は、相続人以外の者で、遺贈により土地を取得した土地所有者に、国庫帰属の承認申請権を与えていない。

　これに対し、遺贈を受けた相続人は遺贈の放棄をすることができるが、遺贈の放棄をしても、相続の放棄をしない限り、結局その土地の所有権を取得することとなり、やむを得ず土地を所有し続けていることもあると考えられるため、相続土地国庫帰属法2条1項かっこ書により、国庫帰属の承認申請権が与えられている。なお、民法939条により、相続の放棄をした上で遺贈の承認をした者は、初めから相続人にならなかったものとみなされるので、遺贈は相続人に対するものではないことになり、その者には国庫帰属の承認申請権はないことになる。

⑵　単独で土地を所有している場合の承認申請権者

　相続土地国庫帰属法2条1項は、相続などで土地の所有権の全部か一部を取得した土地の所有者に承認申請権を認めている。土地を共有している場合には2項が適用され、土地の単独所有者についての規定は1項による。単独所有者には以下の類型がある。

a　相続等により所有権の全部を取得した者

　相続により所有権の全部を取得した者とは、例えば、甲土地を単独で所有していた父Xが死亡し、その子Aが単独で甲土地を相続した場合のAがこれに当たる。Aが甲土地を単独で相続した原因は問わないため、①A以外に法定相続人がいなかった、②他にも法定相続人がいたが、遺産分割によりAが甲土地を単独で所有することになった、③XがAに甲土地を相続させる旨の特定財産承継遺言をしていた、のいずれでもよい。

　また、相続人に対する遺贈により所有権の全部を取得した者とは、例えば、甲土地を単独で所有していたXが、その子Aに甲土地を遺贈する旨の遺言をして死亡した場合のAがこれに当たる。遺贈は包括遺贈でも特定遺贈でもよい。

b　相続等により所有権の一部を取得した者

　相続により所有権の一部を取得した者とは、例えば、①父Xから子A及び子Bが共同して土地を購入した後、Aが死亡し、BがAの持分を相続して単独所有者となった、②父Xから子AとBが相続によって土地の共有持分をそれぞれ取得し、その後、BがAからその共有持分を購入して単独所有者となった、

などが当たる。

　Bが購入した土地の共有持分は、Bの意思で取得していて、その限度では自らの責任で土地管理の負担を引き受けたといえるが、相続によって取得した共有持分については、やむを得ずその管理に関する負担を引き受けていると評価することができるが、Bのような所有権の一部を相続により取得した者にも国庫帰属の承認申請権を認めることにした。

　相続人に対する遺贈で所有権の一部を取得した者とは、例えば、①父Xから子AとBが共同して土地を購入した後、Aがその持分をAの法定相続人であるBに遺贈する旨の遺言をして死亡し、Bが単独所有者となった、②父Xから子AとBが遺贈で土地の共有持分をそれぞれ取得し、その後、BがAからその共有持分を購入して単独所有者となった、Bが当たる。

　Bが購入した土地の共有持分についてはBの意思に基づいて自ら取得したものといえるが、遺贈を受けた共有持分については、相続の放棄をしない限りいずれにせよ相続により取得せざるを得ないため、やむを得ずその管理に関する負担を引き受けていると評価することもできることから、Bのような所有権の一部を遺贈により取得した者にも、国庫帰属の承認申請権を認めている。

⑶　共有に属する土地における承認申請権者

a　相続等により土地の共有持分の全部か一部を取得した共有者

相続などで土地の共有持分を取得した共有者にとって土地の

所有についての負担感があることは、単独所有権を取得した場合と同じで、土地の所有者（共有者）不明化や管理不全化のおそれもあるので、土地所有権を国庫に帰属させる必要性がある。

他方で、土地の共有持分だけを国庫に帰属させてしまうと、国は共有者の一人として土地管理に関与することになり、管理を行うために他の共有者の同意を得る必要が生ずるなど、土地の通常管理や処分に当たり過分の費用や労力を要する。

そこで、相続土地国庫帰属法２条１項では、相続などで土地の共有持分の全部か一部を取得した共有者も、相続などで土地の所有権の一部を取得した者として承認申請権を有するが、２項前段で、共有者の全員が共同して行うときに限って有効に承認申請をすることができるとされた。

相続などで共有持分を取得した共有者には以下の類型がある。

① 相続等により土地の共有持分の全部を取得した共有者

相続などで土地の共有持分の全部を取得した共有者とは、例えば、㋐土地を単独所有する父Ｘから子Ａと子Ｂがその土地の共有持分を２分の１ずつ相続したり、遺贈を受けたりした場合のＡとＢや、㋑土地を共有する父Ｘから子Ａがその共有持分を単独で相続したり、遺贈を受けたりした場合のＡをいう。

② 相続等により土地の共有持分の一部を取得した共有者

相続などで土地の共有持分の一部を取得した共有者とは、例えば、父Ｘと子Ａが第三者から土地を共同で購入して共有持分各２分の１を取得した後にＸが死亡し、子ＡとＢがＸの共有持

分を法定相続分各2分の1（土地共有持分各4分の1）を共同相続した場合のAのように、相続など以外の原因で取得した持分と相続などで取得した持分を有する共有者をいう。

このような共有者も、相続などで取得した共有持分については、やむを得ず管理に関する負担を引き受けているといえることから、他の共有者全員と共同して申請する限り、承認申請権が認められる。

b　相続等以外の原因により土地の共有持分の全部を取得した共有者

土地の共有持分の全部を売買や贈与で取得した自然人の共有者や、法人である共有者は、土地の共有持分を自らの意思で取得したので、基本的に相続土地国庫帰属制度の承認申請権は認められない。

もっとも、このような共有者がいる土地所有権の国庫への帰属の承認申請が一切できないことになると、相続などで共有持分を取得した者も、相続土地国庫帰属制度の承認申請ができなくなってしまうことになり、相続などでやむを得ず土地を取得した者に土地の管理の負担から免れる途を開くという立法趣旨に照らして妥当でない。

そこで、相続土地国庫帰属法2条2項後段では、土地の共有持分の全部を相続など以外の原因により取得した共有者であっても、相続等により共有持分の全部か一部を取得した者と共同して行うときに限り、国庫帰属の承認申請をすることができることとされた。

3 国庫帰属が認められない土地の要件

⑴ 国庫帰属が認められる土地

　相続土地国庫帰属法では、通常の管理や処分をするに当たり過分の費用や労力を要する土地として法定類型に当たる土地については国庫帰属を認めない一方で、この類型に当たらない土地であれば、国として利用する予定が全くないものも、国庫帰属を承認しなければならないこととされた。

　国庫帰属が認められない土地は、相続土地国庫帰属法2条3項各号と5条1項各号で類型化されている。

　なお、相続土地国庫帰属法では土地の地目について特段の制限はないので、農用地や森林でも、法定の要件を満たしていれば、所有権の国庫帰属が認められる。

⑵ 却下事由に該当する要件

a 却下事由

　法務大臣は、相続土地国庫帰属法4条1項により、次に掲げる場合には、承認申請を却下しなければならない。

① 承認申請が申請の権限を有しない者の申請によるとき

② 承認申請地に相続土地国庫帰属法2条3項各号に規定する却下事由に該当する要件が認められるとき

③ 承認申請者が必要事項を記載した承認申請書と法務省令で定める添付書類を法務大臣に提出しないとき

④　承認申請者が政令で定める額の審査手数料を納めないとき

⑤　承認申請者が正当な理由がないのに、法務大臣（法務局職員）による事実の調査に応じないとき

b　相続土地国庫帰属法 2 条 3 項各号に規定する却下事由

(a)　趣　　旨

相続土地国庫帰属法 2 条 3 項各号では、その事由があれば直ちに通常の管理と処分に当たり過分の費用と労力を要するものと扱われる土地の類型を定め、これに該当する土地については国庫帰属の承認申請をすることができないこととして、 4 条 1 項 2 号により、承認申請の却下事由の一つと位置付けている。

もっとも、相続土地国庫帰属法 2 条 3 項各号に掲げる事由も、実際には、申請書を見ても直ちには判断できず、実地調査を経て初めて判断できることも想定される。その意味で、実際の審査では、却下事由に該当する要件であるか 5 条 1 項各号の不承認事由に該当する要件であるかが、法務大臣（法務局職員）の事実の調査の方法に大きな違いを生じさせるものではないと考えられる。

(b)　類　　型

①　建物の存する土地（ 1 号）

建物は、一般に管理コストが土地以上に高額であると考えられる上、老朽化すると、管理に要する費用や労力が更に増加するだけでなく、最終的には建替えや取壊しが必要になるなど、通常の管理や処分に当たり過分の費用や労力を要することが明らかなので、建物がある土地の承認申請はできない。

② 担保権や使用収益を目的とする権利が設定されている土地 （2号）

　承認申請地に、抵当権など担保権や地上権、地役権、賃借権など使用収益権が設定されている場合、国庫帰属後に土地の管理を行うに当たって、国がこれらの権利者に配慮しなければならず、場合によっては担保権が実行されて土地所有権を失うことになるなど、通常の管理や処分に当たり過分の費用や労力を要することが明らかなので、このような権利が設定されている土地の承認申請はできない。

　承認申請地に譲渡担保権が設定されている場合も、上記の趣旨からすれば、担保権や使用収益権が設定されている土地に当たると考えられる。

　なお、例えば、承認申請地に抵当権は設定されているが、登記がされていない場合で、審査過程でそのことが明らかになったときは、実体法上担保権が設定されている土地に該当するため、承認申請は却下される。もっとも、未登記の抵当権が設定されていることが判明しないまま、承認がされ、土地が国庫に帰属した場合、民法177条により、抵当権者は国に抵当権の設定を対抗することができない。

③ 通路その他の他人による使用が予定される土地として政令で定めるものが含まれる土地（3号）

　私道などの通路のように現に土地所有者以外の者により使用され、今後もその使用が予定されている土地や、現に使用されてはいなくても、将来的に他人の使用が予定されている土地については、国庫に帰属させると、その管理に当たって使用者等

との調整が必要であり、通常の管理や処分に当たり過分の費用や労力を要することが明らかなので、承認申請をすることができない。

なお、「他人による使用が予定される土地」については、他人の利用権が明確に設定されている場合に限らず、相続土地国庫帰属法施行令2条で、墓地、境内地、現に通路・水道用地・用悪水路・ため池の用に供されている土地がその対象とされている。

④　特定有害物質により汚染されている土地（4号）

土壌汚染対策法では、都道府県知事が、土壌汚染状況調査の結果、土地の土壌の特定有害物質（同法2条1項）による汚染状態が環境省令で定める基準に適合せず、かつ、土壌の特定有害物質による汚染により、人の健康に係る被害が生じ、又は生ずるおそれがあるものとして政令で定める基準に該当する（摂取経路がある）と認める場合、同法6条1項により、汚染による人の健康に係る被害を防止するため、汚染の除去等の措置を講ずることが必要な区域（要措置区域）として指定するものとするなど、一定の基準を超える特定有害物質が検出された土地の土壌汚染対策を規定している。

このように、土壌が特定有害物質で汚染されている土地は、管理や処分に制約が生じ、汚染の除去のために多大な費用がかかり、場合によっては周囲に害悪を発生させるおそれがあり、国庫に帰属させると、通常の管理や処分に当たり過分の費用や労力を要することが明らかで、法務省令で定める基準を超える特定有害物質で汚染されている土地については、承認申請をす

ることができない。

「法務省令で定める基準」については、土壌汚染対策法における環境省令で定める基準（特定有害物質に係る土壌溶出量基準及び土壌含有量基準）と同様のものにすることが想定されている。

具体的な実務運用は今後検討されることになるが、土壌汚染の有無の審査では、まずは承認申請地の過去の用途の履歴について、承認申請者の認識や地方公共団体が保有している情報を調査して、その存在の蓋然性の有無を確認することが想定される。

承認申請地の過去の用途の調査で特に疑わしい事情が認められなければ、それ以上の詳細な調査をすることなく、特定有害物質により汚染されている土地や除去しなければ土地の通常の管理や処分できない有体物が地下に存する土地に該当しないものと判断して承認することが可能であると解される。他方で、過去の用途の調査で土壌汚染の存在の可能性が認められれば、土壌汚染調査やボーリング調査等の本格的な調査結果を承認申請者に提出させ、その有無を確認する必要が生ずるものと考えられる。

⑤　境界が明らかでない土地その他の所有権の存否、帰属又は範囲について争いがある土地（5号）

隣接する土地の所有者との間で所有権の境界が争われている土地や、承認申請者以外にその土地の所有権を主張する者がいる土地など、土地の所有権の存否、帰属や範囲について争いがある土地の所有権を国庫に帰属させると、土地の管理を行う上

で障害が生じ、通常の管理や処分に当たり過分の費用や労力を要することが明らかなので、承認申請をすることができないこととされている。

「境界が明らかでない土地」については、典型的には隣接する土地の所有者との間で現地における所有権の境界の位置について認識が相違している土地が想定される。所有権の存否、帰属や範囲について争いがある土地の典型として例示されていることから明らかなとおり、ここでの「境界」は所有権の境界を指している。

なお、承認申請者に対し、「境界が明らかでない土地」でないことについてどの程度の資料の提出を求めるのかについては、承認申請者の負担や国有財産管理の実務も考慮しつつ、今後具体的に検討することとされている。

(3) 不承認事由に該当する要件

a 趣　旨

相続土地国庫帰属法5条1項各号は、土地の種別や現況、隣地の状況などを踏まえ、実質的に見て通常の管理や処分に当たり過分の費用や労力を要する土地に当たると判断すべき土地の類型を定め該当する土地について、国庫帰属を承認しない旨の処分をする不承認事由と位置付けている。

b 類　型

(a) 崖がある土地のうち通常の管理に当たり過分の費用や労力を要するもの（1号）

崖がある土地は、安全対策の管理コストがかさむおそれが高

く、所有権を国庫に帰属させることは、財政負担の観点から相当でない。他方で、周囲に人家が存在せず、天災により崖崩れが発生したとしても周囲の土地の損害発生の可能性が低いような土地では、管理コストが必ずしも過分になるわけではない。

　他の要件と違って、この要件では処分に当たって過分の費用と労力を要するかどうかは考慮されない。崖がある土地では処分が困難であることが通常で、処分するには過分の費用や労力を要するので、その結果、崖のある土地の所有権を国庫に帰属させることが事実上不可能となってしまうと考えられるためである。勾配や高さなど具体的な基準については、相続土地国庫帰属法施行令 3 条 1 項で、勾配が30度以上であり、かつ、高さが 5 メートル以上のものがその対象とされている。

　なお、危険な崖については、急傾斜地の崩壊による災害の防止に関する法律や土砂災害警戒区域等における土砂災害防止対策の推進に関する法律などで一定の行政的措置をとることができるとされていて、相続土地国庫帰属法で国庫帰属が認められないからといって、放置を容認するものではない。

⒝　土地の通常管理や処分を阻害する有体物が地上に存する土地（ 2 号）

　工作物や車両や樹木が地上にある土地は、建物が存する土地と同じで、その管理や処分のために費用や労力を要する。他方で、森林に樹木があるのは当たり前で、安全性に問題のない土留めや柵があるなど、土地の形状や性質によっては、地上に有体物があっても、必ずしも通常の管理や処分を阻害するわけではない。

そこで、工作物や車両や樹木その他の有体物がある土地のうち、有体物が土地の通常の管理や処分を阻害するものに限って、国庫帰属の承認をしないことにされている。

(c) 除去しなければ土地の通常の管理や処分できない有体物が地下にある土地（3号）

地下にいわゆる埋設物など有体物がある土地は、管理や処分に制約が生じ、撤去に多大な費用がかかり、場合によっては周囲に害悪を発生させるおそれもある。他方で、広大な土地の片隅に存する配管のように、土地の形状や性質から土地の通常の管理や処分に当たり支障がない有体物であれば、除去しなくても特に問題はない。

そこで、除去しなければ土地の通常の管理や処分できない有体物が地下に存する土地に限って、国庫帰属の承認をしないことにされている。

(d) 争訟によらなければ通常の管理や処分できない土地（4号）

不法占拠者がいる土地のように、隣地の所有者その他の者との争訟によらなければ通常の管理や処分ができない土地は、管理を行う上で障害が生ずるおそれが高い。相続土地国庫帰属法施行令3条2項では、①隣接所有者等によって通行が現に妨害されている土地と②所有権に基づく使用収益が現に妨害されている土地がその対象とされている。

(e) (a)から(d)までに掲げる土地のほか通常の管理や処分に当たり過分の費用や労力を要する土地（5号）

(a)から(d)までに掲げる土地以外にも、例えば、共益費など支払を要する土地や森林の伐採後に植栽等の造林が行われていな

い土地など、通常の土地の管理や処分に当たり過分の費用や労力を要するため、国庫帰属の承認をしないこととすべき土地があるものと考えられる。相続土地国庫帰属法施行令３条３項では、①土砂崩落、地割れなどに起因する災害による被害の発生防止のため、土地の現状に変更を加える措置を講ずる必要がある土地（軽微なものを除く）、②鳥獣や病害虫などにより、土地や周辺の土地に存する人の生命や身体、農産物や樹木に被害が生じ、生ずるおそれがある土地（軽微なものを除く）、③適切な造林・間伐・保育が実施されず、国による整備が追加的に必要な森林（軽微なものを除く）、④国庫に帰属した後、国が管理に要する費用以外の金銭債務を法令の規定に基づき負担する土地、⑤国庫に帰属したことに伴い、法令の規定に基づき承認申請者の金銭債務を国が承継する土地がその対象とされている。

4 承認申請手続

(1) 承認申請手続全般

a 承認申請先

法務大臣は、国庫帰属の承認申請を承認する権限を有するが、相続土地国庫帰属法15条１項により、権限の一部は法務局と地方法務局の長に委任され、実務上は法務局が要件を審査し、管轄法務局が承認申請先になる。

承認申請者は、相続土地国庫帰属法３条１項により、①⑦承認申請者の氏名や名称と住所と④承認申請に係る土地の所在と

地番と地目と地積を記載した承認申請書、②添付書類、を法務大臣に提出して承認申請を行う。

承認申請書の提出方法や必要となる添付書類などは法務省令で定めることとされ、利用者の利便性や法務局での事務の取扱いも考慮して、今後具体的に定められる。

b　審査手数料

相続土地国庫帰属法3条2項では、承認申請をする者は、負担金とは異なる政令で定める額の手数料を納めなければならないとされていて、額は物価の状況のほか、承認申請に対する審査に要する実費その他の一切の事情を考慮して政令で定めるとされている。

手数料の額は、今後、受益と負担から定めることになるが、相続土地国庫帰属法により所有者不明土地の発生抑制のための新たな制度を創設した趣旨に照らし、適切な額となるよう定められることが予定されている。

c　事実の調査と資料の提供要求等

(a)　事実の調査

法務大臣は、相続土地国庫帰属法6条1項により、承認申請に係る審査のために必要があると認めるときは、法務局職員に事実を調査させることができる。法務局職員は、同条2項により、承認申請地や周辺の地域に所在する土地に赴いて現況を確認する実地調査を行うことができる。実地調査では、同条3項により、必要に応じて他人の土地に立ち入ることもできるが、法務大臣は、同条4項により、あらかじめその旨と日時と場所をその土地の占有者に通知しなければならない。また、同条5

項から 7 項により、法務局職員は、①宅地や垣や柵などで囲まれた他人の占有する土地に立ち入ろうとするときは、その立入りの際にその旨をその土地の占有者に告げなければならず、②日出前や日没後は、土地の占有者の承諾があった場合を除き、他人の土地に立ち入ってはならないし、③他人の土地への立入りをする場合には、身分証明書を携帯し、関係者の請求があればこれを提示しなければならない。

さらに、同法 6 条 2 項により、法務局職員は、承認申請者その他の関係者から知っている事実を聴取し資料の提出を求めることその他承認申請に係る審査のために必要な調査を行うことができる。

⒝ **資料の提供要求等**

事実の調査のために必要があると認めるときは、同法 7 条により、法務大臣は、関係行政機関の長、関係地方公共団体の長、関係のある公私の団体その他の関係者に対し資料の提供、説明、事実の調査の援助その他必要な協力を求めることができる。協力の求めを受けた関係行政機関の長等は、優先して保護しなければならない法益が他に存在するときを除き、応じる義務を負うと解される。

⑵ **審査の流れ**

a **書面審査**

承認申請は法務局に対してされ、申請を受けた法務局は、承認申請書と添付書類の内容を精査し、審査手数料の納付の有無を確認して、却下事由の存否を審査する。

b　国や地方公共団体等に対する情報提供

地域での土地の有効活用の機会の確保するため、相続土地国庫帰属制度の運用では、承認申請者からの申請を受け付けた法務局は、その旨を承認申請地の所在する国や地方公共団体等の関係機関に情報提供することが予定されている。

このような運用により、情報提供を受けた国や地方公共団体等が希望する場合には、承認申請者と交渉して土地の寄附を受けること等により、国庫に帰属させることなく、その地域で有効活用を図ることもできる。

c　実地調査・関係行政機関の長等への協力の求め

書面審査の結果、直ちに却下すべき事由があるとは認められない場合には、法務局の職員が実地調査する。なお、法務局の職員による土地の現況などの実地調査で専門的知見を補充する必要があると認められる場合、法務大臣は、必要となる専門的知見の内容に応じて、財務省や農林水産省などの関係省庁の職員に事実調査の援助など同行の協力を求める運用とすることが想定されている。

d　却下処分・不承認処分

①　却下処分

法務大臣は、相続土地国庫帰属法4条1項各号に規定する却下事由（㋐承認申請が申請の権限を有しない者の申請によるとき、㋑承認申請地が同法2条3項各号の却下要件に該当するとき、㋒承認申請者が必要事項を記載した承認申請書及び法務省令で定める添付書類を法務大臣に提出しないとき、㋓承認申請者が政令で定める額の手数料を納めないとき、㋔承認申請者が、正当な理由がないの

に、法務大臣による事実の調査に応じないとき）に当たると認めるときは、承認申請を却下しなければならない。

　法務大臣は、同法4条2項により、承認申請を却下したときは、遅滞なく、法務省令で定めるところにより、その旨を承認申請者に通知しなければならない。

　なお、法務大臣による却下処分は、行政不服審査法上の審査請求や行政事件訴訟法上の抗告訴訟の対象となると考えられる。

　②　不承認処分

　法務大臣は、承認申請がされている土地が同法5条1項各号に規定する不承認事由に該当すると認めるときは、承認しない処分を行う。

　法務大臣は、承認しないとしたときは、同法9条に基づき、その旨を承認申請者に通知しなければならない。

　なお、法務大臣の不承認処分は、行政不服審査法上の審査請求や行政事件訴訟法上の抗告訴訟の対象となるものと考えられる。

　e　承認に関する意見聴取

　法務大臣は、書面審査や実地調査を経て、相続土地国庫帰属法4条1項各号の却下事由や同法5条1項各号の不承認事由が認められず、国庫帰属の承認をするときは、同法8条により、あらかじめ、承認申請地を管理することになる関係行政機関の長に対し意見聴取を行う。

　ただし、この意見聴取は、承認申請地を国のどの機関が管理するかを決定するために行うので、主に農用地（農地法2条1

項に規定する農地や採草放牧地）や森林（森林法 2 条 1 項に規定する森林）として利用されている土地ではないと明らかに認められるとき（財務大臣が管理すべき土地であると明らかに認められるとき）は、意見を聴取する必要はない。

f　承認処分と承認通知

法務大臣は、相続土地国庫帰属法 4 条 1 項各号の却下事由が認められず、同法 5 条 1 項各号の不承認事由にも該当しないと認めるときは、同条 1 項柱書により、土地の所有権の国庫への帰属を承認しなければならない。

また、法務大臣が承認申請地の所有権を国庫へ帰属させることを承認したときは、同法 9 条に基づき、その旨を承認申請者に対して通知しなければならない。

g　負担金の額に関する通知

法務大臣による承認申請地の国庫への帰属の承認があったときは、相続土地国庫帰属法10条 1 項により、承認申請者は、承認があった土地について、国有地の種目ごとにその管理に要する10年分の標準的な費用の額を考慮して算定される額の金銭（負担金）を納付しなければならないとされていて、法務大臣から国庫への帰属を承認した旨の通知が承認申請者に対して行われる際に、同条 2 項に基づき、負担金の額が通知される。承認申請者が負担金の額の通知を受けた日から30日以内に負担金を納付しないときは、同条 3 項により、承認の効力は失われる。

承認申請地の所有権は、同法11条 1 項により、負担金の納付時に国庫に帰属する。また、同条 2 項により、法務大臣は、承

認申請地の所有権が国庫に帰属したときは、直ちに、その旨を財務大臣に、土地が主に農用地や森林として利用されていると認められるときは農林水産大臣に、通知しなければならない。

　なお、負担金の額の通知は、同法10条1項により負担金の額が算定されることを前提とする観念の通知であるが、承認申請者に対しては、通知された額の金銭を納付しない限り、国庫帰属の効力が生じないという法律上の効果を生じさせるので、行

相続土地国庫帰属制度の審査フローの概要

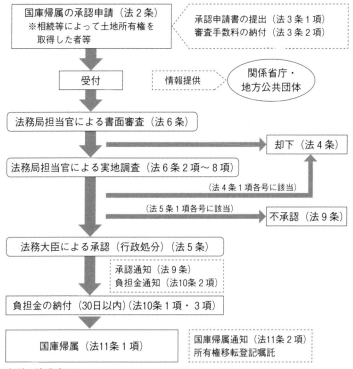

出所：法務省HP

政庁の処分に当たると解される。そのため、法務大臣による負担金の額に関する通知は、行政不服審査法上の審査請求や行政事件訴訟法上の抗告訴訟の対象と考えられる。

5　負 担 金

(1)　負担金の趣旨

　相続土地国庫帰属法10条１項では、承認申請者は、土地所有権の国庫帰属についての法務大臣の承認があったときは、承認に係る土地につき、国有地の種目ごとにその管理に要する10年分の標準的な費用の額を考慮して政令で定めるところにより算定した額の負担金を納付しなければならない。負担金を承認申請者に負担させる趣旨は以下のとおりである。

　相続土地国庫帰属制度により土地の所有権が国庫に帰属した後は、土地の管理は、所有者である国の負担ひいては現在と将来の国民の負担で管理される。そして、国有地の管理費用は、看板設置、柵設置、草刈り、巡回など通常の管理行為の費用のほか、管理行為の業務を外部に発注する職員の人件費、土地の売却や貸付を行うために必要な鑑定費や広告費、天災などで生ずる土地の瑕疵の補修費、その土地で事故があった場合の損害賠償費などがある。

　もっとも、この制度で国庫に帰属する土地は、基本的に利用の需要がないものであり、国が永続的に管理しなければならない可能性が高く、長期間にわたって費用を国民全体の負担で賄

う必要がある。他方で、土地所有権の国庫帰属の承認を受けた者は、国庫帰属がなければ負担すべきであった土地の管理費用の負担を免れることができる。

国と承認を受けた者との間の負担と受益の構造から考えると、相続土地国庫帰属制度により、国が管理や処分する土地の総体に関して国に生ずる管理費用の一部を、個々の承認を受けた者に、土地の管理の負担を免れる程度に応じて負担させることが公平であると考えられる。

ただし、負担金の額が余りに高額になると、制度が利用されず、所期の政策目的を達成できなくなってしまう。

そこで、承認を受けた者は、承認された土地につき、国有地の種目ごとに管理に要する10年分の標準的な費用の額を考慮して政令で定めるところにより算定した額の負担金を納付しなければならない。

なお、負担金は、承認申請に係る土地が国庫に帰属した場合に実際に生ずる土地の10年分の管理費用を負担させる趣旨ではなく、相続土地国庫帰属制度により国庫帰属した後10年以内に国庫帰属地を売却することができた場合であっても、国が承認を受けた者に負担金の一部を返金すべき関係にはない。また、承認を受けた者に負担金の一部を返還すると、国庫帰属後10年以内に国庫帰属地の売買が成立するという偶然の事情により、負担金の一部の返金の有無が左右されることになり、承認を受けた者の間の公平性を欠き、不合理な結果となる。したがって、相続土地国庫帰属制度により国庫帰属した土地が、国庫帰属後10年以内に第三者に売却された場合でも、承認を受けた者

に負担金の一部は返金されない。

(2)　負担金の算定方法等

　土地の国庫帰属の承認を受けた者が納付しなければならない負担金の額の算定方法は、相続土地国庫帰属法10条1項により、国有地の種目ごとにその管理に要する10年分の標準的な費用の額を考慮して政令で定めることとされている。なお、相続

負担金算定の具体例

① 宅地	**面積にかかわらず、20万円**		
	ただし、一部の市街地の宅地については、面積に応じ算定	(例) 100㎡ 200㎡ ⋮	54.8万円 79.3万円 ⋮
② 田、畑	**面積にかかわらず、20万円**		
	ただし、一部の市街地、農用地区域等の田、畑については、面積に応じ算定	(例) 500㎡ 1,000㎡ ⋮	72.3万円 112.8万円 ⋮
③ 森林	面積に応じ算定	(例) 1,500㎡ 3,000㎡ ⋮	27.3万円 29.9万円 ⋮
④ その他 ※雑種地、 　原野等	**面積にかかわらず、20万円**		

※　申請人の負担軽減を目的として、政令第5条の規定により、承認申請者は、法務大臣に対し、隣接する2筆以上の土地について、一つの土地とみなして、負担金の額を算定することを申し出ることができる。

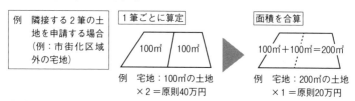

例　隣接する2筆の土地を申請する場合 （例：市街化区域外の宅地）	1筆ごとに算定 100㎡　100㎡ 例　宅地：100㎡の土地 ×2＝原則40万円	面積を合算 100㎡＋100㎡＝200㎡ 例　宅地：200㎡の土地 ×1＝原則20万円

出所：法務省HPを基に著者が作成

政令に基づく負担金算定表

① 宅地のうち、都市計画法の<u>市街化区域</u>又は<u>用途地域</u>が指定されている地域内の土地

面積区分	負担金額
50㎡以下	国庫帰属地の面積に4,070（円/㎡）を乗じ、208,000円を加えた額
50㎡超 100㎡以下	国庫帰属地の面積に2,720（円/㎡）を乗じ、276,000円を加えた額
100㎡超 200㎡以下	国庫帰属地の面積に2,450（円/㎡）を乗じ、303,000円を加えた額
200㎡超 400㎡以下	国庫帰属地の面積に2,250（円/㎡）を乗じ、343,000円を加えた額
400㎡超 800㎡以下	国庫帰属地の面積に2,110（円/㎡）を乗じ、399,000円を加えた額
800㎡超	国庫帰属地の面積に2,010（円/㎡）を乗じ、479,000円を加えた額

② 主に農用地として利用されている土地のうち、次のいずれかに掲げるもの
ア 都市計画法の<u>市街化区域</u>又は<u>用途地域</u>が指定されている地域内の農地
イ 農業振興地域の整備に関する法律の<u>農用地区域</u>内の農地
ウ 土地改良事業等（土地改良事業又はこれに準ずる事業であって、農地法施行規則第四十条第一号及び第二号イ若しくはロに規定する事業）の施行区域内の農地

面積区分	負担金額
250㎡以下	国庫帰属地の面積に1,210（円/㎡）を乗じ、208,000円を加えた額
250㎡超 500㎡以下	国庫帰属地の面積に850（円/㎡）を乗じ、298,000円を加えた額
500㎡超 1,000㎡以下	国庫帰属地の面積に810（円/㎡）を乗じ、318,000円を加えた額
1,000㎡超 2,000㎡以下	国庫帰属地の面積に740（円/㎡）を乗じ、388,000円を加えた額
2,000㎡超 4,000㎡以下	国庫帰属地の面積に650（円/㎡）を乗じ、568,000円を加えた額
4,000㎡超	国庫帰属地の面積に640（円/㎡）を乗じ、608,000円を加えた額

③ 主に森林として利用されている土地

面積区分	負担金額
750㎡以下	国庫帰属地の面積に59（円/㎡）を乗じ、210,000円を加えた額
750㎡超 1,500㎡以下	国庫帰属地の面積に24（円/㎡）を乗じ、237,000円を加えた額
1,500㎡超 3,000㎡以下	国庫帰属地の面積に17（円/㎡）を乗じ、248,000円を加えた額
3,000㎡超 6,000㎡以下	国庫帰属地の面積に12（円/㎡）を乗じ、263,000円を加えた額
6,000㎡超 12,000㎡以下	国庫帰属地の面積に8（円/㎡）を乗じ、287,000円を加えた額
12,000㎡超	国庫帰属地の面積に6（円/㎡）を乗じ、311,000円を加えた額

出所：法務省HP

　土地国庫帰属制度によりその所有権が国庫に帰属する土地は、宅地や原野、農用地、森林など様々なものがあり得るが、巡回、定期的な草刈り、看板や柵の設置等の土地の管理行為の要否や頻度は、土地の地目と面積と周辺状況などで異なるから、負担金の額の算定方法を政令で定めるに当たり、このような点も考慮されている。

　相続土地国庫帰属法施行令４条では、①宅地（一定の要件に該当する場合）、②農地（一定の要件に該当する場合）、③森林については、土地の面積に応じた負担金の額を算定し、①〜③以外の土地については負担金の額は20万円とされていて、法務省HPでは、負担金額の自動計算シートも公表されている。

6 その他

⑴ 国庫帰属地の管理

　承認申請地の所有権は、負担金の納付時に国庫に帰属することとされている。国庫帰属地は、国有財産法3条3項の普通財産として、同法6条により、財務大臣（財務局）が管理し処分する。

　他方で、普通財産として国庫に帰属する国庫帰属地のうち主に農用地又は森林として利用されている土地は、専門的知見に基づいて管理されることが望ましい。そのため、相続土地国庫帰属法12条では、国有財産法6条の例外規定を設け、これらの土地は農林水産大臣（地方農政局、森林管理局）が管理し処分することにし、農地法と国有林野の管理経営に関する法律の土地の管理や処分に関する規定を準用する規定が設けられている。

⑵ 承認の取消し

a 承認取消事由

　相続土地国庫帰属法13条1項では、承認申請者が偽りその他不正の手段により国庫帰属の承認を受けたことが判明したときに限って、法務大臣がその承認を取り消すことができるとしている。

　承認の取消しが認められる場合を「偽りその他不正の手段に

より第5条第1項の承認を受けたことが判明したとき」に限定したのは、法務大臣は、承認申請地について調査権限を有していて、調査を踏まえた審査の結果として国庫帰属の承認が行われた以上、承認申請者は土地の所有権を適法に国庫に帰属させたものと認識し期待するのが自然であり、承認申請者の期待は保護されるべきであるためである。もっとも、偽りその他不正な手段により承認を得た承認申請者を保護し、国民の負担によって国庫帰属地の管理を継続すべきではないため、承認の取消しを認めることとされている。

なお、国庫帰属後に国が国庫帰属地を行政財産として使用しているケースなどもあり得るので、相続土地国庫帰属法13条1項では「取り消すことができる」と規定して、承認を取り消すかどうかを法務大臣の裁量に委ねている。

b　第三者保護規定

一般に、行政行為の取消しとは、行政行為に当初から瑕疵がある場合、権限のある行政庁が効力を失わせて、遡って初めからその行為が行われなかったのと同様の状態に復せしめるものであると解されている。

相続土地国庫帰属制度の承認取消しも、原則どおり遡及効が生ずると解されるが、そうすると、承認取消しの場合、土地が初めから国には帰属していなかったことになり、例えば、国から国庫帰属地を取得した第三者も無権利者になって、利益が害されるおそれがある。

そこで、法務大臣が承認の取消しをしようとする場合には、相続土地国庫帰属法13条3項により、国庫帰属地の所有権を取

得した者（転々譲渡された場合、その過程で土地を取得した者の全員を指す）や国庫帰属地につき所有権以外の権利の設定を受けた者（転得者などから抵当権等の設定を受けた者を含む）があるときは、これらの者の同意を得なければならないこととされている。

c 国庫帰属地を所管する各省各庁の長の意見聴取

例えば、国が行政財産として国庫帰属地を利用している場合、国庫帰属地を第三者に売却した場合、承認の取消しにより遡及的に国が無権利者であったこととなると、国も不利益を被るおそれがあるため、取消しに当たっては一定の配慮が必要になる。

もっとも、取消しをする法務大臣と土地を所管する各省各庁の長がいずれも国の機関であることに鑑みると、所官庁の同意まで求める必要はなく、意見を述べる機会を与えることで足りる。

そこで、相続土地国庫帰属法13条2項では、法務大臣は、承認を取り消すに当たり、土地の所官庁（当該土地が売払い等により国有財産でなくなっているときは、その売払い等の時点の所官庁）の意見を聴くものとされている。

(3) 損害賠償責任

相続土地国庫帰属法では、国庫帰属の承認がされた土地について、法務大臣による承認時に承認申請の却下事由や不承認事由のいずれかに当たる事由があったことによって国に損害が生じた場合、14条により、承認を受けた者がその事由を知りなが

ら告げずに承認を受けた者であるときは、その者は国に対して損害賠償責任を負うものとされている。

　この規律は、承認申請者が土地の所有権を国庫に帰属させたことにより国に損害を発生させた場合の損害賠償責任を、却下事由に当たる要件や不承認事由に当たる要件に該当する事由の存在について知っていた場合に限定するものであり、民法709条の不法行為責任の特則と位置付けられる。

　その趣旨は次のとおりである。法務大臣は、国庫帰属の承認の可否を判断するために必要な事実の調査をする権限を有していて、そのような調査を経た上で国庫への帰属を承認し、かつ、負担金の納付まで承認を受けた者に求めることに照らすと、国庫帰属地がこれらの要件に該当することについての評価誤りなどのリスクは基本的には国が負うべきものである。

　もっとも、承認を受けた者が、承認の時に承認申請地が要件に該当することを知りながらあえてそれを告げずに承認を受けた者であるときには、承認を受けた者を保護する必要はないものと考えられ、このような承認を受けた者には損害賠償責任を負わせることとされている。

7　施行期日等

(1)　施行期日

　相続土地国庫帰属制度の運用が開始されるに当たっては、政省令など所要の整備が行われる必要があること、円滑な実施の

ために制度の内容を国民に広く周知する必要があることなどを踏まえて令和 5 （2023）年 4 月27日から施行される。

(2)　検討条項

　相続土地国庫帰属法では、土地所有権の国庫への帰属を認めることで、土地の管理コストの国への転嫁が生じ、将来的に土地を国庫帰属させる意図の下で土地の適切な管理を怠るモラルハザードが発生するおそれがあることを踏まえ、承認申請権者や対象となる土地や負担金などについて、一定の厳格な要件が設定されている。

　もっとも、この制度は、行政上利用の必要のない土地を国庫に帰属させることを可能とするという意味で、これまでにない新しい制度であり、施行後の制度の利用状況によっては、国庫帰属の承認のための要件をより適切なものとする必要が生ずる可能性がある。

　そこで、附則 2 項により、相続土地国庫帰属法の施行後 5 年を経過した場合、法律の施行状況について検討を加え、その結果に基づいて必要な措置を講ずるものとする検討条項が設けられている。

あとがき

　本書は、法務省民事局総務課長（前同局民事第二課長）村松
秀樹氏、法務省大臣官房参事官大谷太氏、法務省民事局参事官
（前同局民事法制企画官）脇村真治氏、鹿児島地方検察庁検事
（元法務省民事局付）川畑憲司氏、福岡高等裁判所那覇支部判事
（前法務省民事局付）吉賀朝哉氏、法務省民事局付宮﨑文康氏、
東京地方裁判所判事（前法務省民事局付）渡部みどり氏、那覇
地方裁判所沖縄支部判事補（前法務省民事局付）中丸隆之氏、
法務省人権擁護局総務課人権擁護推進室補佐官（前法務省民事
局付）福田宏晃氏と共同で執筆した月刊登記情報の2021年10月
号から2022年2月号までの連載（「令和3年民法・不動産登記法等
改正及び相続土地国庫帰属法の解説⑴〜⑸」）をベースに、各氏の
ご了解のもと著者の責任で最新の情報にアップデートする等の
加筆をしたものである。この場を借りて改めて本書出版につき
ご快諾いただいた各氏に御礼申し上げる。述べるまでもないこ
とであるが、本書中意見にわたる部分は著者の個人的見解であ
り、本書の文責は著者のみにある。

■ 著者略歴 ■

小田 智典（おだ とものり）

TMI総合法律事務所 弁護士。2011年東京大学法学部卒業、2013年東京大学法科大学院修了、2019年神戸大学法学研究科博士課程後期課程修了／博士（法学）、2019〜2021年法務省民事局参事官室勤務、2021〜2022年国土交通省「共有私道における排水設備の円滑な設置等の促進に関する事例勉強会」委員。『Q&A令和3年改正民法・改正不登法・相続土地国庫帰属法』（共著、金融財政事情研究会、2022年）。

KINZAIバリュー叢書 L
所有者不明土地法制

2023年3月31日　第1刷発行

著　者　小　田　智　典
発行者　加　藤　一　浩

〒160-8520　東京都新宿区南元町19
発　行　所　一般社団法人 金融財政事情研究会
企画・制作・販売　**株式会社きんざい**
編　集　室　TEL 03(3355)1721　FAX 03(3355)3763
販売受付　TEL 03(3358)2891　FAX 03(3358)0037
URL https://www.kinzai.jp/

DTP・校正：株式会社友人社／印刷：文唱堂印刷株式会社

ISBN978-4-322-14246-4

創刊の辞

　2011年３月、「KINZAI バリュー叢書」は創刊された。ワンテーマ・ワンブックスにこだわり、実務書より読みやすいが新書ほど軽くないをコンセプトに、現代をわかりやすく切り取り、かゆいところに手が届く、丁度いい「知識サイズ」に仕立てた。

　ニュース解説に留まらず物事を「深掘り」した結果、バリュー叢書は好評を博し、間もなく第一作の「矜持あるひとびと」から数えて刊行100冊を迎える。読者諸氏のご愛顧の賜物である。

　バリュー叢書に通底する理念は不易流行である。「金融」「経営」などのあらゆるジャンルに果敢に挑戦しながら、「不易」―変わらないもの―と「流行」―変わるもの―とをバランスよく世に問うことである。本叢書シリーズは決して色褪せない。それはすなわち、斯界の第一線実務家や研究者が現代を切り取り、コンパクトにまとめ、時代時代の先進的なテーマを鮮やかに一冊に落とし込んでいるからだ。次代に語り継ぐべき大切な「教養」や「斬新な視点」、「魅力溢れる人間力」が手本なき未来をさまようビジネスパーソンの羅針盤になっているものと確信している。

　2022年12月、新たに「Legal」を加え、12年振りに「バリュー叢書L」を創刊する。不易流行は変わらずに、いま気になることがすぐにわかる内容となっている。第一線実務家や研究者はもとより、立案担当者や制度設計に携わったプロ達も執筆陣に迎えている。

　新シリーズもまた、混迷の時代、先が見通せないと悩みながら「いま」を生き抜くビジネスパーソンの羅針盤であり続けたい。

加藤　一浩